Querido(a):

Eu, Osmar Barbosa, desejo a você, que comprou este livro, muita alegria, sabedoria, aprendizado, autoconhecimento, paz e equilíbrio. Que a mensagem por ele trazida conforte seu coração e preencha qualquer dúvida em relação à vida eterna. Que a felicidade seja parte de sua vida todos os dias!

"Recomendo a leitura do escritor Osmar Barbosa; ele consegue nos transmitir ensinamentos espíritas de forma simples e objetiva. Traduz, através das linhas escritas, ensinamentos fundamentais para quem deseja saber um pouco mais sobre a vida nos planos espirituais e, tudo isso, em uma linguagem compreensiva a todos aqueles que necessitam de conforto e que desejam modificar suas vidas aprendendo a se tornar um Ser melhor.

Leiam os livros psicografados por ele!

Uma leitora..."

O Livro Proibido

Marabô

Book Espírita Editora
1ª Edição
| Rio de Janeiro | 2024 |

Osmar Barbosa

BOOK ESPÍRITA EDITORA

Capa
Marco Mancen

Projeto Gráfico / Diagramação
Mancen Editorial

Imagens capa e miolo
IA/Marco Mancen

Revisão
Iara Zanardo Domingues

Marketing e Comercial
Michelle Santos

Pedidos de Livros e Contato Editorial
comercial@bookespirita.com.br

Região Oceânica, Niterói,
Rio de Janeiro.

1ª edição
Prefixo Editorial: 991053
Impresso no Brasil

Dados Internacionais de Catalogação na Publicação (CIP)
(Câmara Brasileira do Livro, SP, Brasil)

Barbosa, Osmar
O livro proibido : Marabô / Osmar Barbosa. -- 1. ed. -- Niterói, RJ : Osmar B. Santos, 2024.

ISBN 978-65-89628-50-7

1. Espiritismo 2. Espiritualidade 3. Umbanda (Culto) 4. Exu (Orixá) I. Título.

24-208780 CDD-133.9

Índices para catálogo sistemático:

1. Espiritualidade 133.9

Tábata Alves da Silva - Bibliotecária - CRB-8/9253

Outros livros psicografados por Osmar Barbosa

1. *Cinco Dias no Umbral*
2. *Gitano – As Vidas do Cigano Rodrigo*
3. *O Guardião da Luz*
4. *Orai & Vigiai*
5. *Colônia Espiritual Amor e Caridade*
6. *Ondas da Vida*
7. *Antes que a Morte nos Separe*
8. *Além do Ser – A História de um Suicida*
9. *A Batalha dos Iluminados*
10. *Joana D'Arc – O Amor Venceu*
11. *Eu Sou Exu*
12. *500 Almas*
13. *Cinco Dias no Umbral – O Resgate*
14. *Entre nossas Vidas*
15. *O Amanhã nos Pertence*
16. *O Lado Azul da Vida*
17. *Mãe,Voltei!*
18. *Depois*
19. *O Lado Oculto da Vida*
20. *Entrevista com Espíritos – Os Bastidores do Centro Espírita*
21. *Colônia Espiritual Amor e Caridade – Dias de Luz*
22. *O Médico de Deus*
23. *Amigo Fiel*
24. *Impuros – A Legião de Exus*
25. *Vinde à Mim*
26. *Autismo – A escolha de Nicolas*

27. *Umbanda para Iniciantes*
28. *Parafraseando Chico Xavier*
29. *Cinco Dias no Umbral – O Perdão*
30. *Acordei no Umbral*
31. *A Rosa do Cairo*
32. *Deixe-me Nascer*
33. *Obssessor*
34. *Regeneração – Uma Nova Era*
35. *Dica do Dia - Com Osmar Barbosa*
36. *Deametria – Hospital Espiritual Amor e Caridade*
37. *A Vida depois da Morte*
38. *Deametria – A Desobsessão Modernizada*
39. *O Suicídio de Ana*
40. *Cinco Dias no Umbral – O Limite*
41. *Guardião – Exu*
42. *Colônia Espiritual Laços Eternos*
43. *Despertando o Espiritual*
44. *Por que Você Morreu?*
45. *Aconteceu no Umbral*
46. *O Diário de um Suicida*
47. *Superior Tribunal Espiritual*
48. *Bem-vindo ao Umbral*
49. *O Diário de um Morto*
50. *Exilados do Planeta Terra*
51. *Um Espírita no Umbral*
52. *A Garota do Balão*
53. *O Outro Lado da Vida*
54. *Um Obsessor no Centro Espírita*
55. *Orientações do Além*
56. *Em Busca do Tempo Perdido*

O autor doou todos os direitos desta obra à Fraternidade Espírita Amor e Caridade.

Conheça um pouco mais de Osmar Barbosa:
www.osmarbarbosa.com.br

Recomendamos a leitura dos
outros livros psicografados por
Osmar Barbosa para maior
familiarização com os Espíritos
que estão neste livro.

O Editor.

Agradecimentos

Agradeço primeiramente a Deus, por ter me concedido esse verdadeiro privilégio de servir humildemente como um mero instrumento dos planos superiores.

Agradeço a Jesus Cristo, espírito modelo, por guiar, conduzir e inspirar meus passos nesta desafiadora jornada terrena.

Agradeço ao Caboclo Ventania, ao Exu Marabô e aos demais espíritos, pela oportunidade e por permitirem que estas humildes palavras, registradas neste livro, ajudem as pessoas a refletirem sobre suas atitudes, evoluindo.

Agradeço, ainda, aos meus familiares, pela cumplicidade, compreensão e dedicação. Sem vocês ao meu lado, me dando todo tipo de suporte, nada disso seria possível.

E agradeço a você, leitor, que comprou este livro e que, com a sua colaboração, nos ajudará a conseguir levar a Doutrina Espírita e todos os seus benefícios e ensinamentos para mais e mais pessoas.

Obrigado!

A todos, os meus mais sinceros agradecimentos.

Osmar Barbosa

Quem é Osmar Barbosa?

Um pouco da minha história.

Sou médium, dirigente, expositor, mas, acima de tudo, humano!

Cresci em São Gonçalo, no Rio de Janeiro, onde tive minhas primeiras experiências mediúnicas. Ainda na infância, tive a oportunidade de conviver com uma pessoa maravilhosa, que, na Terra, foi a minha mãe, Aurora Barbosa.

Com ela, aprendi a ser gente, amar as pessoas e valorizar tudo e todos. Acho que aprendi também a ser simples em minha maneira de observar o mundo.

De formação católica, conheci a Doutrina Espírita por orientação de companheiros espirituais, tendo ingressado no movimento espírita em 1987, no Grupo Espírita Frei Fabiano de Cristo, dirigido pela saudosa amiga Carolina Araújo.

Mais tarde, fundei a Casa Espírita de Oração Luz do Oriente, hoje chamada Fraternidade Espírita Amor e Caridade, onde no momento atuo como presidente em Itaipu, Niterói, Rio de Janeiro, desenvolvo atividades mediúnicas e auxilio na administração das obras sociais.

Sou comprometido com o ideal espírita, perfeitamente humano e cheio de perguntas para as quais não tenho respostas, embora tenha muitas respostas para perguntas que nunca formulei.

Adoro ser humano, bater um bom papo, ser amigo, rir, viajar e me divertir com a minha família.

Não sou obcecado por trabalho.

Acho que precisamos de um tempo para curtir a vida, o mundo e as pessoas. O planeta Terra é muito bonito, e precisamos ter um tempo à disposição para apreciar o mundo e suas experiências.

Adoro respirar ar puro e ouvir MPB. Curto muito cinema, principalmente drama, comédia e suspense.

Gosto de experimentos culinários e uma boa praia. Sou apenas humano, como você e muita gente boa por aí. Adoro ficar em casa com a minha família e os meus cinco filhos. Curto muito o meu lar, as minhas netas e os amigos.

Eu nunca pensei que chegaria onde estou, pois a vida não foi fácil no começo. Tive perdas que foram muito difíceis de superar, mas sempre me reinventei nos momentos mais difíceis e acho que ainda me reinvento diariamente para sobreviver e aprender com tudo e todos que se relacionam comigo nesta vida.

Sou estudioso da mediunidade e defendo a mediunidade séria em todos os sentidos, pois tenho convicção que o dom da mediunidade é algo muito especial, e especialmente deve ser exercido.

Aprendi com meus mentores que a "mediunidade é um dom divino, e divinamente devemos exercê-la".

Todos os dias aprendo com meus mentores espirituais e com os acontecimentos que a vida me traz, pois sei que nada que me acontece é por acaso. Tudo o que chega até mim traz um ensinamento, até mesmo aquilo que, em alguns momentos, acho ser ruim.

Assim, minha vida está sempre em transformação, pois coloco em prática tudo o que aprendo com a Espiritualidade que me assiste. Sempre exteriorizo todos os ensinamentos que minha religião me traz, pois sei que, se não tiver a bondade, a capacidade e o amor de compartilhar tudo o que aprendo, quando eu deixar a vida humana, todo o meu esforço terá sido em vão, visto que meu aprendizado morrerá comigo. Por isso, partilho o tempo todo tudo o que sei e aprendo em minha vida, seja na vida mediúnica, seja na vida de humano.

Aprendi que muitas vezes não serei compreendido e aceito por acreditar no que acredito, mas devo ter a sabedoria de entender que nem mesmo Jesus teve uma tarefa fácil quando esteve entre nós.

No mais, quero viver todas as experiências possíveis e extrair delas a minha evolução, que é pessoal e intransferível.

Este sou eu!

"

A VIDA NÃO SE RESUME A
ESTA VIDA!

"

Nina Brestonini

Sumário

“

EXU NÃO É DIABO.
EXU É EQUILÍBRIO.

”

Marabô

Prefácio

Com o passar dos anos, todos eles dedicados ao meu desenvolvimento intelectual e mediúnico, percebi que continuo buscando respostas para as perguntas mais íntimas em meu ser. Acredito que eu, como todos os encarnados atualmente, estou muito distante de tudo o que é ideal para um ser em evolução.

Percebi também que, embora a nobreza espiritual tenha se colocado à disposição de todos os espíritos encarnados, ainda estamos extremamente distantes do que esses nobres instrutores querem nos ensinar. Acredito ser uma tarefa extremamente difícil para os amigos do plano maior... Como somos incapazes de compreendê-los...

Somos muito imperfeitos e nossa imperfeição intelectual e, por muitas vezes, moral, latente em nosso ser existencial, muito nos atrapalha. Mas acredito que esse é um processo e que certamente, um dia, compreenderemos os reais motivos do nosso estado de letargia atual. Por que demoramos tanto para compreender e aceitar o óbvio? Por que demoramos a assimilar o que é perfeito?

Tenho andado por aí, em eventos espíritas, feiras de livros e centros espíritas dos mais diversos possíveis, realizando palestras e participando de conferências, e sempre aprendo um pouco com todos que converso.

Nas casas espíritas que visito, sou sempre recebido com respeito e carinho devido ao trabalho que venho desempenhando através das psicografias — além, é claro, da tarefa na casa espírita pela qual estou temporariamente responsável —, e isso me deixa muito feliz.

Aprendo também com meus leitores, que me abordam em diversos lugares, sempre com um oceano de dúvidas existenciais e incertezas mil, e esperam ouvir de mim a mágica solução para todos os seus problemas.

Quem me dera poder auxiliar a todos sem me questionar sobre a responsabilidade dada a mim como mensageiro dos planos espirituais...

Mas onde aprendo de verdade é nas psicografias, nos desdobramentos — muito comuns no exercício da minha mediunidade —, e também nos momentos em que tenho o privilégio de estar ao lado dos espíritos que me trazem os livros. Eles são fantásticos.

Sou muito grato às pessoas que me procuram para conversar e pedir algum tipo de orientação ou conselho, pois, certo dia, meus mentores espirituais me disseram:

— Osmar, se alguém se lembrar de você em um momento de dor, dúvidas ou sofrimento, agradeça, pois, se você está sendo lembrado em algum desses momentos, é porque você está fazendo a coisa certa.

"Se, no momento de escuridão de uma pessoa, você for a luz que a ilumina, agradeça por sua existência."

E, graças a Deus, isso acontece com muita frequência. Mas sei que ainda tenho muito o que aprender. Tenho que me colocar no lugar correto para não deixar que a soberba, o orgulho ou o ego atrapalhem minha proposta neste plano material.

Em minhas reflexões e angústias diárias, eu vinha observando algo que crescia dentro de mim. Não era nada ruim. Era algo que me sufocava e me dizia: "Você tem que falar".

E foi em uma manhã de terça-feira, após meu desjejum, que percebi uma figura um pouco estranha se aproximando de mim. Logo reconheci ser meu guia-chefe, o Caboclo Ventania, que trazia ao seu lado um rapaz lindo, forte, alto, pardo, de cabelos trançados e longos, vestido com pouca roupa no corpo.

Ele olhou para mim com um ar de sorriso, como se me cumprimentasse, desejando-me um bom dia.

"Será um Exu?", pensei, à espera de mais informações.

Eu não estranho esses espíritos que me procuram, principalmente por estarem ao lado do meu inseparável amigo e guia-chefe do terreiro de Umbanda no qual estou temporariamente como sacerdote.

Como estávamos na semana de um evento no terreiro, pensei que sua aparição seria para tratarmos de algo relacionado ao evento programado para o sábado seguinte. Foi quando ele se aproximou ainda mais de mim e disse:

— Bom dia, Osmar!

— Olá, Ventania! Como tem passado, meu amigo? Estava com saudades de você.

— Eu estou muito bem, e você?

— Seguindo em frente. Que bom vê-lo aqui novamente! Como me alegra sua presença!

— Eu trouxe um amigo que deseja falar com você.

— Vejo que é um Exu.

— Sim, sou chamado de Exu Marabô — disse o rapaz ao seu lado.

— Seja bem-vindo, senhor Marabô!

— Deixe o senhor de lado. Sou muito jovem para você me tratar assim.

— É o respeito que tenho pelo senhor e por sua história.

— Não crie distâncias que não existem entre os espíritos — disse ele, demonstrando humildade e sabedoria.

— Agradeço o carinho e me coloco à sua disposição.

— Temos algo para escrever — disse Marabô, olhando fixamente para mim.

— Escrever com o senhor?

— Deixe o senhor de lado, já disse. Pode me chamar apenas de Marabô.

— Desculpe. É força do hábito. Não acontecerá mais.

Naquele momento, o Caboclo Ventania disse:

— Meu amigo e eu temos algo que precisamos que você escreva com uma certa urgência.

— Sem problemas, Ventania. Deixe somente eu me preparar. Confesso que me sinto lisonjeado em poder escrever ao seu lado novamente e de Marabô.

— Que fique claro a todos que a mensagem é minha, exclusivamente minha e de minha inteira responsabilidade — disse Marabô, me advertindo.

Então, pensei: “Meu deus, lá vem bomba…”

— Estaremos esperando por você no local das psicografias — disse o caboclo, retirando-se de minha casa.

— Estou indo — disse, apressando-me.

Terminei meu café matinal rapidamente, pois a seriedade deles me preocupou, e me dirigi ansioso ao local das psicografias.

No caminho até meu escritório, fui novamente tocado pela Espiritualidade que me acompanha, e a voz do meu guia-chefe insistia para que me dedicasse exclusivamente a esta psicografia. Insistentemente, ele dizia:

— Escreva tudo o que será solicitado. Não se preocupe com nada. Precisamos levar a mensagem sincera a todos os cantos do Universo.

Mas por que Ventania me falava aquilo em minha mente, se eu estava indo ao seu encontro?

Será que ele não queria que Marabô ouvisse essas instruções?

Eram esses os meus pensamentos enquanto caminhava em direção ao escritório.

— O que Marabô tem a revelar poderá causar muitas dúvidas, indignação e tristeza — prosseguiu ele em minha mente. — Mas saiba que a revelação e o apelo desse nobre mensageiro também são os de outros irmãos encarnados e desencarnados, que pensam como nós e têm a nobre missão de salvar a religião espírita, pois, caso as providências não sejam tomadas, essa religião tende a deixar de existir ou tornar-se algo que nem as piores mentes conseguem imaginar.

"Atendendo ao nosso apelo psicográfico, você ajudará muitas pessoas a se sentirem melhores, pois o que iremos orientar e revelar é o que muitos ainda não têm coragem para expressar. Precisamos exteriorizar toda a nossa indignação com o que está acontecendo com a religião espírita em praticamente todas as suas vertentes."

Comecei a ficar muito preocupado. Aquelas solicitações me atordoavam a mente. O que Marabô e Ventania terão a me revelar? Quais espíritos irão se comunicar? Que pedido será esse que terei que atender?

Apertei o passo e logo cheguei ao escritório. Eles já estavam me esperando. Preocupado, eu me sentei e preparei tudo rapidamente para começarmos a psicografia.

Logo o Caboclo Ventania disse:

— Escreva esta mensagem no prefácio do livro, por favor.

— Sim, senhor.

— Podemos começar?

— Sim, podemos...

Ele, então, começou a falar:

— Temos plena consciência de que muito do que vocês irão ler neste livro poderá aborrecê-los. Se isso acontecer, não se perturbem. Não é esse nosso desejo e, muito menos, nossa intenção, nem minha, nem do amigo ao lado, que foi, na verdade, quem me fez o convite para levarmos este alerta a todos os que se relacionam conosco nas searas espíritas, sejam elas quais forem.

"Na verdade, o que informaremos a todos vocês é o que estamos expiando no lado de cá da Espiritualidade. Tudo o que vocês irão ler e que será escrito aqui parte da indignação de todos os espíritos ao observarmos o que está acontecendo atualmente na maioria das casas espíritas e nas religiões que se relacionam com a Espiritualidade, direta ou indiretamente, como dito anteriormente.

"Aconselho-os a aproveitarem ao máximo a oportunidade que estamos trazendo, ao lado de Exu Marabô e da falange dos caboclos da Umbanda, para ouvirem atentamente tudo o que iremos relatar sobre o mundo em que vivemos do lado de cá todos os dias, todos os minutos, todas as horas, todos os anos e todos os segundos, pois estamos na vida de vocês diariamente, seja através da Umbanda ou das casas espíritas, que nem sequer nos cumprimentam ou agradecem pela nossa proteção e ajuda já há alguns anos. Temos muita coisa para contar a todos vocês.

“Precisamos nos unir urgentemente para salvar o pouco que ainda resta do Espiritismo. É isso mesmo que você está lendo: **precisamos salvar o Espiritismo**.

“O número de desencarnes de fiéis orientadores, administradores e responsáveis pela abertura e manutenção dos centros espíritas é extremamente maior do que o número de jovens médiuns sérios que adentram as religiões espíritas. A verdadeira casa espírita... É dessa que iremos falar.

“Porque, infelizmente, o número de irmãos que são enganados ou iludidos com as mensagens espíritas e as praticam da forma incorreta não para de crescer. Se não agirmos, não haverá espaço para a verdadeira comunicação entre encarnados e desencarnados. Tudo irá se resumir em um grande festival de ventríloquos que, se achando médiuns, conduzirão o que eles chamarão de religião espírita.

“Se não agirmos, seguramente o Espiritismo como deve ser praticado deixará de existir em menos de 50 anos.

“Temos uma mensagem muito importante para todos. Não podemos nos calar diante de tantos absurdos ritualísticos, tantas mentiras, tantos oportunistas, tantos falsos mensageiros e tanta mistificação. O número de supostos médiuns equivocados no exercício do que eles chamam de mediunidade é o que nos obriga a não nos omitirmos diante de tantos erros, mentiras e charlatanismo. Chegou o momento. Estamos convencidos de que já passou da hora de defendermos o certo. E é para os certos esta mensagem. É para aqueles que querem andar certo. É para eles que nos dedicamos a trazer as informações para as linhas deste livro.

"Estamos presenciando uma verdadeira calamidade mediúnica. Todos são médiuns, videntes, sensitivos, escritores e por aí vai... É um verdadeiro festival de horrores."

Eu olhava meu caboclo falando e parecia que ecoava dentro de mim a indignação daqueles amigos que sempre estiveram ao meu lado nas horas mais difíceis.

Nesse momento, Marabô começou a falar:

— Mas a verdade, escritor, é que médium nasce médium. Ninguém se torna médium simplesmente porque fez alguns cursos, participou de alguns rituais iniciáticos ou leu alguns livros. Isso não quer dizer que a mediunidade não possa ser desenvolvida, mas esse processo de desenvolvimento pode demorar uma ou algumas encarnações, expiando, estudando e transformando-se diariamente, para que o médium se torne um genuíno mensageiro, um instrumento útil à Espiritualidade.

"Acredite que tudo, mas tudo mesmo, é merecimento, e pelo olhar atual são poucos os dirigentes, sacerdotes ou sacerdotisas que merecem representar-nos nas tarefas evolutivas. A mediunidade é uma missão, e não um instrumento de vida, de lazer ou, muito menos, de adivinhação lucrativa."

— Eu posso dar uma opinião, se não for atrapalhar?

— Claro que sim — disse Ventania.

— O professor Allan Kardec afirmou que a "mediunidade é inerente ao ser humano". Eu concordo plenamente com ele, mas acho que o nível de mediunidade se diferencia de pessoa para pessoa.

"Acho sinceramente, meus amigos, que não podemos igualar os tipos de mediunidade, por serem muito diferentes uns dos outros. E acho também que é aí que estamos diante de tantos fracassos mediúnicos. A sensibilidade não pode ser classificada como mediunidade... A vidência não pode ser o único dom mediúnico. Falta explicar e conscientizar os trabalhadores da mediunidade que elas se diferem e cada uma tem um alcance no mundo espiritual. Não se deve confundir mediunidade com mediunismo ou animismo, que são coisas bem diferentes.

"É bom deixar claro que há diferença. O mediunismo é uma expressão criada pelo espírito Emmanuel que 'designa as formas primitivas de mediunidade que fundamentam as crenças e as religiões primitivas. A diferença está na consciencialização do problema mediúnico.' A mediunidade, para mim, é algo divino.

"O que acontece, infelizmente, se me permitem a opinião, é que se colocou tudo no mesmo saco e todos são considerados médiuns.

"Acho que o que está faltando mesmo é caráter, isso sim."

— Você está coberto de razão, Osmar — disse Ventania. — Sua percepção sobre a mediunidade está correta. Mas, infelizmente, o que estamos vendo nos dias atuais é um verdadeiro festival de ventríloquos, um verdadeiro show de horrores onde um diz ser melhor que o outro, apontando sempre o dedo em direção àquele que, supostamente, acha ser um charlatão, um mentiroso ou um falso médium. Muitos se dizem médiuns, mas poucos agem como tal. Isso tem levado o Espiritismo e suas vertentes ao afastamento de pessoas de bem e, principalmente, dos jovens que seriam o futuro da religião espírita. A ideologia espírita está alterando o destino do Espiritismo e todos que a ele estão ligados.

— Osmar, aqueles que se relacionam verdadeiramente conosco são incapazes de fazer ou dizer o que esses supostos médiuns dizem e fazem por aí. Lastimamos o que estamos presenciando no meio espírita — disse Marabô.

— Acreditamos que uma relação divina é transformadora — disse Ventania. — Mas, infelizmente, como já disse, são poucos os exemplos de caráter, dignidade, honestidade e caridade que vocês têm a seguir.

"Na verdade, o que mais tem por aí, meu nobre escritor, são falsos médiuns. São irmãos equivocados que interpretam pequenos arrepios como sendo mediunidade de berço, mentem, enganam pessoas de bem e fragilizadas, que se tornam suas vítimas, aterrorizam a Doutrina Espírita e colocam todos nós no mesmo balaio..."

Naquele momento, interferi novamente:

— Meus amigos, uma vez o Lucas me disse que a "mediunidade é um dom divino, que divinamente devemos exercer".

— Sábio ensinamento! — disse Marabô.

Então, perguntei:

— Como saber a verdade? Como acreditar nas psicografias, nas mensagens trazidas pelo plano maior? Quem está com a verdade?

Ventania me respondeu:

— "Toda árvore é reconhecida pelo fruto que dá. Ninguém colhe figos de espinheiro nem uvas de ervas daninhas" (Lucas 6:44). Um conselho e uma observação que serve para todos, posso dizer?

— Claro, sou seu lápis. Aliás, sou o lápis de vocês dois.

— Preste muita atenção no que irei falar — disse o caboclo.

— Estou anotando tudo.

— Pois, então, anote isto: se os recursos oriundos das psicografias, do trabalho do médium ou da médium, seja na casa espírita, seja no terreiro de Umbanda, e de sua dedicação e entrega não estiverem sendo direcionados ao auxílio, amparo e instrução do outro, provavelmente estamos diante de um oportunista, um embusteiro ou um suposto médium, um irmão equivocado que mal sabe distinguir o que é mediunidade ou coisa de sua mente. Claro, não podemos generalizar, pois há irmãos que se sentem médiuns pela ignorância intelectual.

— Não podemos nem devemos generalizar. Há casos e casos — disse Marabô. — Claro que nem todos os citados anteriormente entram nessa informação. Há casos que precisam ser averiguados bem de perto para que não se cometa nenhuma injustiça, e esse não é o objetivo de nossa mensagem.

— O que, então, iremos revelar neste livro, meus amigos? — perguntei, ansioso.

— Nossa missão nesta obra é informar e resguardar nosso trabalho. Queremos levar a todos vocês nosso sentimento de tristeza e preocupação e alertá-los de um momento crucial que precisam saber sobre as religiões que se relacionam conosco. Vamos revelar nossa percepção sobre o que estamos vivenciando todos os dias nas searas espíritas e também nossas observações até o presente momento sobre o Espiritismo, o Kardecismo, a Umbanda, o Universalismo e todas as religiões que se relacionam conosco.

"Estamos nesses ambientes há muito tempo, mas confesso que diariamente me surpreendo com os espíritos encarnados... Como podem ser tão incapazes de compreender e aceitar suas insignificâncias diante da Espiritualidade que os envolve?

"Querem ser mais que os espíritos? Como assim?

"Como podem dizer-se cristãos, se fazem exatamente o contrário do que lhes ensinam os diversos Evangelhos, sejam eles cristãos ou espíritas, que não deixam de ser cristãos?

"Aonde querem chegar com tanta mentira e tanta enganação?

"Será que acreditam mesmo na continuidade da vida após o desenlace carnal?

"Será que nunca ouviram falar que se colhe na vida espiritual o fruto da semeadura terrena?

"O que vocês acham que estão plantando quando mentem, enganam pessoas e fingem?

"Acham mesmo que vão ser perdoados por enganar, roubar, mentir, fingir, iludir e trapacear?

"Lembrem-se do ensinamento maior: 'Daí, pois, a César o que é de César, e a Deus o que é de Deus'.

"O tempo passa rapidamente. Uma encarnação é muito pouco, e nos parece que as coisas não mudam. Pelo contrário, sentimos nitidamente que as coisas estão ficando piores. Os homens têm as mesmas malícias, defendem somente os interesses pessoais, enganam e mentem. Mas tudo isso é assim porque vocês escolheram viver no mundo de Césares e não conhecem ou não sabem da realidade do Reino de Deus...

"Parece que vocês não acreditam nisso...

"Em que vocês acreditam?

"O que temem?

"Não temem nada?

"Acham mesmo que fingir ao interagir conosco não lhes pode causar danos?

“Acham mesmo que são os sabedores de todas as verdades e que a vida terminará com esta encarnação?

“Têm estudado a religião espírita?

“O que pensam que estão fazendo?”

Naquele momento, me curvei diante do apelo de Marabô.

Que grandeza espiritual! Que sabedoria daquele jovem!

Ele, então, prosseguiu:

— Sinto lhes dizer... Acelerem logo seus processos evolutivos, porque a vida não termina com a falência natural ou provocada dos seus órgãos. Há uma continuidade e, nessa continuidade, o que vocês fizeram, pregaram ou praticaram lhes será cobrado.

“Você mesmo, Osmar, é a prova viva disso, e acho que é por isso que você defende tanto a mediunidade como atributo de poucos e divino.

“Você esteve do outro lado da vida. E é o que é porque não tem nenhuma dúvida de que a vida continua. Age da forma que age porque não tem nenhuma dúvida de que a vida não termina com esta simples existência corpórea. E é por isso que o escolhemos para ser nosso mensageiro desta e de tantas outras mensagens que lhe revelamos.

"Continue seu trabalho. Leve suas mensagens até conseguir abrir os olhos para a realidade que, um dia, todos irão encontrar.

"Não desista do desafio que lhe apresentamos e não se importe se, por vezes, você falar para surdos ou mostrar a verdade para cegos. Não turve seu coração. Creia em Deus."

— Eu até tento fazer isso nas palestras, nos livros e em tudo o que faço, meus amigos.

"Sei que tenho os livros como instrumento divino que me foi concedido para alertar a todos sobre a realidade da vida após a morte. Sou muito grato à Espiritualidade, que atendeu o meu apelo quando, desesperado, implorava a vocês, meus amigos, que me dessem um martelo virtual e que eu pudesse usar esse instrumento para abrir as mentes das pessoas encarnadas para a vida após a morte. E vocês me deram… me deram os livros…

"Certa vez, a Nina Brestonini, minha mentora espiritual, me disse: 'Osmar, o livro é o martelo que você tanto nos pediu. As pessoas leem com a mente. Só não entra em mentes ainda despreparadas para aceitarem-se como os espíritos eternos que são.'"

— Ela tem toda a razão — disse Ventania.

— Mas parece, meu amado mentor, que as pessoas não entendem ou não acreditam. Então, como ajudar meus irmãos, filhos, familiares, amigos e vizinhos, espíritas ou não? Como ajudá-los a abrirem a consciência para a realidade que todos viverão um dia? Como, meu Deus? Como?

— Não desistindo daquilo que lhe foi confiado. Se fosse fácil, tenha certeza, você não estaria aí — disse Marabô.

Esta é minha luta diária, meus amigos leitores: tentar salvar almas...

Sou um homem velho, cansado, traído e usado por pessoas que não perceberam que em meu coração há somente caridade e desprendimento da vida material. Mas ainda tenho forças suficientes para lutar pelo certo e defender meu trabalho e, acima de tudo, as verdades espíritas.

Sou um mensageiro que só quer que vocês saibam: **vocês não vão morrer.**

Há muitas coisas e infinitas possibilidades nos esperando na vida após esta encarnação.

Prestem muita atenção nisso...

Vivam! Aproveitem a vida e sejam felizes! Alegrem-se sempre com cada amanhecer que clarear a janela do seu quarto nos primeiros raios da manhã.

Sejam felizes e amem os animais e as pessoas. Compreendam que elas precisam de vocês, pois todos temos algo a entregar a alguém, porque viemos do todo, e o todo habita em nós.

Somos partículas de Deus e estamos no Universo para brilhar, para ser deuses, como Ele nos afirmou.

"Vós **sois deuses** e filhos do Altíssimo" (Salmos 82).

Trago nas linhas deste livro um diálogo com Marabô e com o Caboclo Ventania, meus amigos espirituais, que me procuraram após perceberem dentro de mim as angústias diante de tudo o que vemos atualmente no Espiritismo e em todas as religiões ligadas aos espíritos.

Espero sinceramente que este livro possa lhes auxiliar e que vocês, que estão lendo esta obra, se compreendam dentro desse universo de possibilidades que nos oportuniza a Doutrina dos Espíritos. Tenham a paciência como maior virtude.

Sejam bem-vindos à *O Livro Proibido*!

Que Deus os abençoe!

Osmar Barbosa

"

A MAIOR IGNORÂNCIA
É ENXERGAR O QUE OS
TOLOS QUEREM VER.

"

Osmar Barbosa

A certeza da vida após a morte

Após ter escrito o prefácio do livro, o Caboclo Ventania me orientou que esperasse sua volta. Os dias passaram até aquela manhã, quando fui acordado por um estrondo vindo de trovões no céu.

Uma grande tempestade se anunciava na cidade em que moro.

Assustado, me levantei para olhar a chuva que batia em minha janela. Eu podia ouvir as gotículas que insistiam em molhar a fachada do prédio em que moro e anunciavam que a natureza mostrava sua força naquela manhã.

Após admirar a chuva, fui até a cozinha fazer meu desjejum e logo fui intuído a ir para o escritório para voltar a escrever.

Eu me preparei rapidamente e me dirigi ao lugar. Chegando lá, comecei a organizar meu dia. Foi quando Marabô apareceu. Dessa vez, ele estava sozinho.

— Bom dia, Osmar!

— Bom dia, meu amigo!

— Você está bem?

— Sim. Estou ansioso para dar continuidade ao livro.

— Eu tenho um pedido a lhe fazer.

— Então, pode fazer.

— Gostaríamos que você colocasse em nosso livro sua experiência fora do corpo. Você pode nos atender?

— Claro, com o maior prazer...

— Então, escreva. Mais tarde, volto a procurá-lo para continuarmos nossa mensagem.

— Deixe comigo.

Atendendo ao pedido de Marabô, preparei tudo e comecei a escrever sobre a experiência que tive fora do corpo.

O ano era 1985.

Eu conheci o Espiritismo após um grave acidente que aconteceu comigo quando tinha 25 anos. Tudo isso aconteceu após a segunda experiência de quase morte (EQM) que tive.

Vocês já ouviram falar de EQM?

Quero contar tudo em detalhes para vocês.

Quando sofri o segundo acidente, aos 25 anos, eu nunca tinha ouvido falar de Espiritismo, Allan Kardec ou qualquer coisa relacionada à Doutrina Espírita. A única coisa de que tinha ouvido falar era de um rapaz que vivia em Minas Gerais e escrevia cartas de pessoas mortas. Era Chico Xavier, mas só soube após me aprofundar nos estudos sobre a religião que sigo até hoje.

Eu já tive por três vezes experiências fora do corpo e, infelizmente — ou felizmente —, fui convidado a voltar para a vida humana.

Prestem muita atenção no que vocês lerão a partir de agora, pois se trata de um relato pessoal verídico e que só tem uma intenção: alertá-los sobre o que os espera na vida fora do corpo.

A minha primeira experiência de quase morte (EQM) aconteceu quando eu tinha 11 anos. Foi no dia de São Cosme e São Damião, no ano de 1971.

Eu morava no bairro de Colubandê, em São Gonçalo.

Eu tinha apenas 11 anos. Naquela manhã, eu e todos os meus amigos da mesma faixa etária — exceto uma jovem de uns 16 anos, que era a responsável pelo grupo — decidimos andar pelas ruas de nosso bairro para recolher doces, uma antiga tradição dos subúrbios cariocas que ainda é mantida em certas localidades.

No dia anterior, uma forte chuva havia acontecido. Ao passar por uma propriedade chamada Yamagata, vimos que havia se formado um lago onde, dias antes, tinham retirado areia.

Decidimos dar um mergulho, pois o sol estava a pino e o calor era imenso.

Deixamos nossas coisas aos cuidados da jovem que cuidava de todos e mergulhamos de uma só vez. Naquele dia, eu descobri que não sabia nadar. Foi uma experiência terrível.

Eu me debati muito na água, tentando a todo custo chegar à margem do lago, o que não foi possível. Foi quando perdi totalmente minhas forças e minha consciência. Afundei, desmaiado, após uma verdadeira batalha pela vida.

Imediatamente, me vi fora do meu corpo, indo em direção à minha casa. Volitei em uma velocidade incompreensível para mim naquele dia.

A volitação é a capacidade que o espírito tem, em certo nível de adiantamento, de “voar”, não apenas no sentido literal, mas também de maneira mais transcendental. O espírito se transporta para onde quiser ou lhe for determinado, sob a ação e o impulso de sua própria inteligência.

Naquele tempo, minha família tinha um pequeno restaurante. Morávamos em uma pequena casa nos fundos do prédio do Bar e Restaurante do Fernando, como era chamado o lugar. Fernando era o meu padrasto.

Cheguei à porta da cozinha muito assustado com tudo o que estava acontecendo comigo. Afinal, eu tinha certeza de que havia morrido afogado naquele lago. Minha mãe estava no fogão fazendo uma comida, mas não consegui ver qual era naquele momento.

Vi que minha tia, de nome Lúcia, estava sentada ao lado de minha mãe, descascando alguns legumes, pois, todas as noites, servíamos uma deliciosa sopa para os frequentadores. Nosso bar e restaurante era muito famoso na localidade. Ficava no ponto final de uma linha de ônibus muito requisitada naquela época.

Naquele momento, minha mãe parou o que estava fazendo, virou seu corpo para trás, em minha direção, olhou para a porta e, muito assustada, disse:

— Lúcia, aconteceu alguma coisa com o Osmar...

Seu olhar era de desespero. Eu fiquei ainda mais assustado e impressionado com tudo o que via e sentia naquele momento. Embora fosse uma criança, eu tinha plena consciência de que a vida já não existia da forma com que eu estava acostumado.

Eu estava fora do meu corpo, que havia morrido afogado naquele pequeno lago formado pela chuva.

Meu peito, amargurado, deixou correr por meus olhos de menino algumas lágrimas de dor. Afinal, eu estava certo de que havia me afogado e morrido. É impressionante como tudo é real. Vocês não fazem ideia da realidade que nos espera. Creiam...

Eu me mantive ali por poucos segundos. Inexplicavelmente, fui sugado novamente para o meu corpo. Abri meus olhos e percebi estar no fundo do lago. Meu rosto estava encostado na lama do fundo. Olhei para cima e vi o reflexo do sol espelhado na água. Imediatamente, impulsionei meu corpo, com minhas frágeis mãos apoiadas na areia do fundo, em direção à luz do sol.

Foi quando fui puxado pelos cabelos pela jovem que estava como responsável por todos nós.

Ela me tirou do lago. Ela me trouxe de volta à vida.

Todos os meus amigos estavam muito assustados. Afinal, eu havia sumido nas águas barrentas daquele lago. Todos disseram que eu havia me afogado e sumido nas águas escuras daquele lugar.

Passei muito mal. Vomitei horrores. Após minha melhora, todos nós decidimos ir embora. Já não queríamos mais pegar doces. Minha experiência de quase morte abalou todos os meus amigos.

Eu nunca contei isso para ninguém da minha família, mas, naquele dia, ao chegar em casa, recebi o abraço mais amoroso que uma mãe pode dar em um filho.

Naquele dia, eu percebi haver ligações muito profundas entre mim e minha querida mãezinha. Eu não fazia sequer ideia de que temos um espírito. Minha formação religiosa era somente ter sido batizado às pressas, porque eu via muitos espíritos naquele tempo e minha mãe, cansada de me levar para ser rezado por minha querida avó Maria, correu para me batizar na Igreja Católica, na esperança de que os espíritos se afastassem de mim.

Minha mãe me abraçou e me perguntou se estava tudo bem.

Eu disse que sim e mostrei para ela quantos doces eu havia conseguido pegar com meus amiguinhos na aventura de São Cosme e São Damião.

Ela sorriu e me abraçou novamente. Ela, sem querer dizer, disse naquele dia o quanto me amava e queria que eu fosse um menino feliz. Minha mãe e eu sabíamos que minha experiência naquele lago tinha sido muito mais que um simples afogamento. Tinha sido um encontro de espíritos afins que se ligaram antes mesmo de eu nascer.

Meu padrasto, o Fernando, era português e havia chegado há pouco tempo no Brasil. Sua ideia era de trabalho, trabalho e mais trabalho... Tínhamos muitos atritos por causa disso, porque minha mãe sempre me defendia. Ela dizia para ele quc eu devia ter uma vida de menino, de menino da minha idade, mas ele me obrigava a trabalhar incansavelmente após a escola atrás do balcão de nosso restaurante.

Foram tempos difíceis, mas minha mãe sempre buscou a felicidade para mim e minhas irmãs.

O tempo passou e, aos 25 anos, passei pela segunda experiência de quase morte.

Estávamos em um grupo de amigos, participando de uma partida de futebol em um bairro muito perigoso de São Gonçalo, conhecido como Jardim Catarina.

Tudo ia bem até que um garoto de uns 16 anos pegou a bola e não quis nos entregar.

Fui até ele e pedi para que devolvesse a bola, o que ele recusou. Então, usei de minha força para retirar a bola de seus braços. Não percebemos que, na verdade, o menino tinha sido usado por um grupo que desejava arrumar um motivo para iniciar uma briga no intuito de ferir ou até mesmo matar alguém do nosso grupo, pois havia uma rixa com os moradores do local, que não gostavam de receber visitantes.

E a vítima fui eu.

Caímos na armadilha…

Fui baleado cinco vezes por um rapaz cujo rosto nem sequer vi.

Para a minha sorte e por obra do destino, ou dos espíritos, no exato momento dos tiros, uma viatura da Polícia Militar estava passando por perto e, ao ouvir os disparos, se deslocou para o campo de futebol, me socorrendo.

Meus amigos disseram que o rapaz que havia me alvejado estava recarregando a arma no intuito de terminar o serviço, mas que, ao perceber a aproximação da viatura militar, se afastou lentamente, retirando-se do local.

Eu estava caído ao solo, perdendo muito sangue e ferido gravemente.

Os policiais me colocaram na viatura e me levaram para o pronto-socorro mais próximo.

Naquele fatídico acidente, perdi um rim e tive lesão no baço e no intestino. Uma bala passou a menos de dois centímetros do meu coração.

Foi um verdadeiro milagre ter saído vivo daquele lugar naquele fatídico dia de domingo.

Cheguei ao pronto-socorro quase desacordado. Eu sentia muita dor e perdia muito sangue.

Imediatamente, fui levado para o raio X e encaminhado para o centro cirúrgico.

Eu implorava aos médicos para que me dessem algo para me apagar, pois já não suportava mais sentir dor.

Ao entrar no centro cirúrgico, quase sem forças, uma médica chegou perto do meu ouvido e disse:

— Osmar, fique calmo que agora vamos apagá-lo…

Segundos após ela ter me dito isso, uma luz muito intensa invadiu o centro cirúrgico e comecei novamente a volitar. Olhei para a maca e vi que os médicos estavam sobre meu corpo, massageando meu peito. Um enorme túnel de luz se abriu à minha frente e eu comecei a entrar nele, mesmo contra a minha vontade. Eu não queria deixar meu corpo. Afinal, eu só tinha 25 anos e não queria morrer…

Apesar de todo o meu esforço, eu não consegui voltar pelo túnel de luz e cheguei a um lugar muito bonito. Era um lugar onde havia um imenso gramado e algumas árvores ao fundo.

Eu estava muito aborrecido. Tinha certeza de que estava, mais uma vez, morto…

Eu dizia:

— Desgraçado! Ele me matou...

Lembro que estava muito chateado. Eu tinha um ótimo emprego, trabalhando na Bolsa de Valores. Recebia um excelente salário. Havia acabado de alugar meu primeiro apartamento e estava muito perto de comprar meu primeiro carro.

Estava feliz com a minha vida. Eu havia terminado meu casamento, algo que me fazia muito mal.

— Deus, por que permitiu que acontecesse isso comigo? — dizia.

Eu estava realmente muito chateado com Deus. Por que eu não havia morrido realmente? A morte havia sido apenas da minha vida material. Eu estava muito vivo e, mais uma vez, sem entender o que era aquilo. Eu estava fora do meu corpo, vivo como sempre...

Alguns espíritos passavam por mim e me cumprimentavam com um leve sorriso. Outros, com um gesto de cabeça.

Percebi haver um banco, desses que vemos em nossas praças, com ripas de madeira, e me sentei ali para me acalmar.

Fiquei ali, olhando para aquele lindo lugar, e pensei: "Estou no céu. Ainda bem que não fui para o inferno..." Meus pensamentos católicos...

Após alguns minutos, me acalmei. Foi quando minha querida mãezinha apareceu para mim com um leve sorriso em seu rosto angelical.

Perdi minha mãe quando ainda era menino. Minha querida mãezinha morreu em um grave acidente de carro junto com meu padrasto, Fernando, após terem ido almoçar em um restaurante de sua preferência na cidade de Magé, no Rio de Janeiro.

Fernando morreu imediatamente com o impacto da batida entre o carro que ele dirigia e uma carreta carregada de abacaxis. Era época de Natal. Minha mãe e minha avó, que também estava no carro, sobreviveram.

Mas, algumas horas após ter dado entrada no hospital, minha mãe teve uma hemorragia interna, o que a levou de nós. O ano era 1974. Eu tinha apenas 14 anos.

Minha querida avó, Maria, sobreviveu a tudo, tendo sido ela quem nos acolheu na orfandade. Éramos três crianças: eu e mais duas irmãs.

Naquele momento, minha mãezinha se aproximou de mim com um leve sorriso no rosto.

Pulei do banco em sua direção, abraçando-a fortemente.

Ela sorriu e me abraçou carinhosamente, acariciando minha face.

— Mãe, que bom que você está aqui! Estou muito feliz em encontrá-la. Estava com tanta saudade…

Ela simplesmente repetiu o abraço que me deu quando eu tinha 11 anos. Lembrei-me perfeitamente do nosso encontro espiritual, mais uma vez.

Após alguns segundos, ela disse:

— Meu amor, sente-se aqui.

Ela me puxou e se sentou ao meu lado naquele pequeno banco de praça. Quando me sentei ao seu lado, ela carinhosamente guiou minha cabeça, repousando-a em seu colo macio. Eu sentia seus dedos entre meus cabelos, acariciando minha fronte.

Após uma pequena pausa, ela disse:

— Filho, você vai ter que voltar.

— Voltar?

— Sim, você não vai poder ficar aqui agora.

— Eu… voltar? Nem morto eu volto!

Ela, com ar de sorriso, me disse:

— Meu amor, você vai ter que voltar.

— Mas, mãe, eu não tenho nada para fazer lá. Quero ficar com você.

— Meu amor, você vai ter que voltar. Olhe, preste muita atenção no que vou lhe falar…

— Mãe…

— Meu amor, olhe… Seja justo… honesto… e bom…

— Mas, mãe…

Naquele instante, fui sugado de volta ao meu corpo. Eu estava intubado no leito de um CTI.

Confesso que fiquei muito mais aborrecido por voltar, muito mais aborrecido do que por ter ido…

Mas aquela experiência nunca mais saiu de mim. Percebi que a vida não termina com a morte. Naquele momento, minha vida começou a mudar totalmente. Eu vi — e vivi — mais uma vez a vida após a morte. Eu estive do outro lado e voltei… Mas o que era aquilo? Por que não fiquei com minha mãe? Eu não queria ter voltado…

Um bilhão de dúvidas se estabeleceram dentro de mim…

O que havia acontecido comigo?

Por que minha mãe me mandou voltar?

O que realmente é a vida?

Dúvidas, dúvidas e mais dúvidas... Quem poderia me responder?

Após alguns meses me recuperando, fui atrás dessa resposta. Primeiro, fui à Igreja Católica, e o padre disse que o que aconteceu comigo foi coisa da minha cabeça. Contestei muito o padre. Disse a ele que não foi nada da minha mente e que realmente estive do outro lado da vida.

Após essa frustrante conversa, procurei a Igreja Evangélica. Foi uma baita decepção, pois o pastor me assegurou que o que aconteceu comigo foi que fui abduzido... Abduzido? Como assim?

Nem preciso dizer a vocês qual foi minha atitude diante da posição firme do pastor.

Na época em que me aconteceu o acidente e a segunda experiência de quase morte, eu trabalhava na Bolsa de Valores, como citei anteriormente.

Nessa época, eu morava em São Gonçalo, bem no centro da cidade, próximo à prefeitura.

Todos os dias, para evitar o trânsito terrível da ponte Rio-Niterói, eu deixava meu carro estacionado próximo à estação das barcas e me dirigia ao Rio de Janeiro por meio da maravilhosa travessia que ainda hoje é feita pelas barcaças.

Nessa época, havia uma menina que olhava muito para mim toda vez que eu pegava a barca. Era, na verdade, uma paquera.

Assim que saí do hospital, ainda muito debilitado e magro, tive que voltar ao trabalho, pois eu precisava seguir em frente sozinho.

Quando peguei a barca e me sentei, sempre no mesmo lugar, a jovem paquera se aproximou de mim, muito assustada com minha aparência. Eu estava muito magro. Tinha perdido muitos quilos no hospital.

Ela olhou para mim e perguntou:

— O que houve com você?

Eu sorri e, meio envergonhado, respondi:

— Sofri um acidente.

Ela suspirou aliviada e disse:

— Nossa, pensei que você estivesse com aids.

— Foi somente um acidente. Quer se sentar aqui? — disse, apontando para um lugar ao meu lado.

Ela se sentou e fomos juntos para o trabalho, conversando.

O banco em que ela trabalhava era muito próximo ao meu local de trabalho.

Naquele mesmo dia, trocamos números de telefone e ela me ligou para combinarmos a volta na mesma barca.

Confesso que acho que ela ficou com muita pena de mim, porque eu tinha muita dificuldade para andar, ainda estava com os pontos da cirurgia e me sentia muito debilitado e carente. Mas as necessidades financeiras me levaram de volta ao trabalho mesmo sem estar totalmente recuperado.

Naquela noite, voltamos para casa conversando. Encontrei naquela doce jovem uma amiga que jamais esquecerei, por tudo o que fez por mim.

Nunca namoramos. Não deu…

No dia seguinte, nos encontramos novamente na barca. Foi quando ela, muito envergonhada, me perguntou:

— Osmar, você tem alguma religião?

— Não — disse.

— Você já ouviu falar de Espiritismo?

— Para ser muito sincero, a única notícia que tive até hoje sobre Espiritismo é de um tal de Chico Xavier, que vive em Minas Gerais e escreve cartas para mães que perderam seus filhos.

“Eu fui também, quando era bem mais jovem, a umas festas em um centro de Umbanda. Não foram muitas, mas não me interessei em saber nada sobre Espiritismo. Os motivos que me levaram àquele lugar foram outros, que nem vale a pena contar."

Sorrindo, ela olhou para mim e disse:

— Quero lhe fazer um convite. Você aceita?

— Talvez.

— É que minha mãe faz umas reuniões de mesa em nossa casa. Eu queria convidá-lo para ir assistir. O que acha?

— Macumba?

— Não, não é nada disso. É Espiritismo Kardecista. Sessão de mesa.

A curiosidade me invadiu naquela hora. Lembrei-me da minha busca incessante por respostas sobre minha experiência de quase morte.

— Quero, sim. Quando é?

— Hoje à noite.

— Que horas?

— Às 20h. Vou lhe passar meu endereço e espero vê-lo lá em casa. Você vai?

— Sim, vou.

Fiquei muito curioso. Espiritismo... O que seria isso?

— Então, nos vemos hoje à noite lá em casa. Não se atrase — disse ela.

— Pode deixar. Estarei lá um pouco antes das 20h.

— Minha mãe vai ficar feliz.

— Por quê?

— Ela é louca para conhecê-lo.

— Para me conhecer? Como assim?

— É que falo muito de você para ela.

— Sério?

— Sério. Ela já é sua fã.

— Meu Deus...

Nós nos despedimos e ela seguiu para o seu trabalho e eu, para a corretora em que trabalhava na época.

À noite, no horário combinado, lá estava eu, muito ansioso e curioso com o tal do Espiritismo... O que seria isso?

Minha fã... Quem me esperava?

Cheguei e fui muito bem recebido pela mãe da minha nova amiga, que logo me convidou a me sentar no lindo sofá da sala do luxuoso apartamento localizado no bairro de Icaraí.

Minha amiga me apresentou seu pai, um fiscal de rendas aposentado, e seu irmão.

Sua mãe me tratou como um filho. Eu me senti acolhido e amado naquela família.

Percebi que a mesa de jantar estava forrada com uma linda toalha de cor branca e, no centro, havia um pequeno jarro com flores da mesma cor.

Mais algumas pessoas chegaram. Todos nós nos sentamos nos lugares disponíveis, aguardando o início dos trabalhos.

Eu olhava para tudo com atenção e surpresa. Como assim, reunião espírita? O que seria isso? Afinal, eu nunca tinha ouvido falar em Espiritismo, Allan Kardec etc.

A sessão começou com uma linda prece e logo um espírito se manifestou na médium principal, a mãe da minha amiga.

Confesso que me encantei com o Espiritismo naquele momento. Tudo era harmonioso, claro, sem sustos. Havia somente prece, amor e união fraterna.

Algumas mensagens foram psicografadas e entregues às poucas pessoas presentes.

Eu descobri naquele dia que poderia receber uma mensagem da minha querida mãezinha e, quem sabe, ela poderia me explicar por que tive que voltar, embora muito contrariado.

No final da reunião, minha agora amiga me ofereceu um pedaço de bolo. Tomamos um café juntos e eu estava realmente maravilhado com tudo o que tinha visto naquela noite.

Ao nos despedirmos, fui convidado a voltar na semana seguinte, pois todas as quartas-feiras acontecia aquela linda sessão espírita.

Ansioso, contei os dias até o próximo encontro. Não contei para ninguém minha experiência. Afinal, eu queria aprender mais sobre o fenômeno espírita. Dentro de mim, havia um turbilhão de dúvidas e um universo de perguntas para a dirigente dos trabalhos.

Nessa época, ainda não tínhamos os recursos de que dispomos hoje, como a internet, por exemplo. Então, eu realmente precisava esperar pelo próximo encontro para aprender mais sobre aquela nova religião.

Os dias passaram e eu novamente cheguei ao apartamento da minha amiga para a segunda reunião espírita.

Assim que cheguei, fui procurar sua mãe, que era a dirigente, para uma conversa. Ela, muito atenciosa, me explicou um pouco de tudo o que havia visto na sessão anterior e quais eram os planos para a sessão daquele dia.

Logo os trabalhos começaram. Eu me sentei novamente em uma poltrona confortável na sala onde nos reuníamos.

Desde que me entendo como encarnado, eu sinto a presença de um espírito perto de mim.

Esse espírito sempre cuidou de mim e sorria quando nos encontrávamos. Isso acontecia desde que eu tinha uns quatro anos.

Jamais comentei com alguém sobre essas visitas e aparições, exceto com minha querida mãe, que, sempre que eu era atordoado por essas aparições e visões, me levava até a minha avó para ser rezado, e as coisas se acalmavam em mim.

Em determinado momento da sessão, a médium principal, a dirigente, incorporou um espírito que se levantou da mesa e se aproximou de mim.

Quando chegou perto de mim, ele disse:

— Boa noite!

— Boa noite — respondi, muito assustado.

Ele, então, me perguntou:

— Você sabe quem sou eu?

— Não, eu não o conheço...

Naquele momento, sem dizer mais nada, o espírito incorporado se virou e voltou a se sentar à mesa, indo embora sem nada nos dizer.

Em seguida, outro espírito tomou o lugar dele no corpo da médium. Novamente, se dirigiu a mim, perguntando:

— Sabe quem eu sou?

Imediatamente, eu disse:

— Sei.

— Pois bem, eu sou o seu mentor espiritual e nós temos uma missão a cumprir juntos. Vamos?

Eu senti algo que até hoje não consigo explicar. Pareceu-me, naquele momento, que aquele espírito era parte mim. Eu o conhecia muito bem.

— O que tenho que fazer? — perguntei.

— Procure um centro de Umbanda e vá desenvolver a sua mediunidade.

Assustado com aquela determinação, eu disse:

— Mas eu nunca senti nada, exceto as visões de vocês.

— Vá para o centro espírita. O resto, deixe comigo.

Nós nos despedimos sem nada dizer. Eu estava feliz e emocionado por me conectar com aquele amigo de longos anos. Era uma parte de toda a minha vida que estava viva em minha frente...

O que seria minha vida mediúnica? O que realmente esses amigos queriam de mim?

Essas eram as perguntas que me atormentavam.

Ao final da sessão, o irmão da minha amiga me chamou no canto da sala e me fez uma proposta. Ele disse que tinha escutado a conversa do espírito que se manifestou e falou comigo. Ele disse também que estava desenvolvendo sua mediunidade em um terreiro de Umbanda e me fez o convite para ir com ele até lá no sábado seguinte.

Ansioso e muito preocupado, procurei o irmão dela na sexta-feira seguinte e ele me levou para conversar com a mãe de santo. Assim, no sábado, lá estava eu em meu primeiro dia como umbandista.

Eu me apaixonei pela Umbanda e rapidamente desenvolvi minha mediunidade no terreiro da saudosa mãe Iara.

Após alguns meses, aquele mesmo mentor, já incorporando em mim, ordenou que eu fizesse o santo. Segundo ele, era necessária minha feitura para podermos abrir nosso próprio centro espírita. Não seria um centro de Umbanda, mas sim uma porta para a caridade. Dois anos e meio após essa recomendação, realizei minha feitura de santo e logo abri o primeiro centro espírita, onde atendíamos centenas de pessoas necessitadas.

Os anos passaram...

Aos 39 anos, com um pequeno centro espírita aberto na garagem da minha casa, eu passei pela minha terceira experiência de quase morte.

Era madrugada. Lembro-me como se fosse hoje.

Meu primogênito acabara de nascer. Para a nossa tristeza, meu querido sogro havia falecido um mês antes do meu filho nascer.

Ficamos arrasados. Ele era um cara muito legal, prestativo e muito amigo da minha esposa. Era um pai muito presente.

Estávamos dormindo. Então, fui acordado por um grupo de espíritos que estava dentro do meu quarto.

Levantei-me da cama assustado com aquelas figuras. Todas elas estavam olhando para mim no pequeno quarto em que dormíamos, pois, a casa principal estava em obras e tínhamos nos adaptado em uma quitinete ao lado da nossa residência.

Um dos espíritos, que estava à frente do grupo, olhou para mim e disse:

— Venha, Osmar. Temos que ir.

Imediatamente, olhei para a cama e lá estava meu corpo ao lado de minha esposa, com o nosso pequeno bebê no meio de nós dois.

Uma angústia invadiu meu peito. Lágrimas brotaram em meus olhos e molharam minha face. Eu não fiquei desesperado, mas não queria ir com eles naquele momento.

Não era o dia certo para eu deixar minha esposa e meu primeiro filho.

Estávamos muito tristes com o desencarne do meu sogro. Ele realmente era um cara muito especial para nós.

Olhei para o espírito extremamente iluminado que estava de pé à minha frente e argumentei:

— Será que eu não posso ficar mais um pouco? Minha esposa acabou de perder o pai. Não sei se ela conseguirá viver sem mim... E meu filho acabou de nascer... Por favor, me deixe ficar mais um pouco.

Eu implorei quase me ajoelhando diante daqueles mensageiros do bem.

O mentor, de olhar carinhoso, virou-se para trás e confabulou com o grupo, algo que, confesso, não consegui ouvir, pois eu chorava muito, implorando para não desencarnar.

Foi então que ele virou-se novamente para mim e disse:

— Volte a dormir.

Naquele mesmo instante, acordei em meu corpo, muito suado, com uma forte palpitação em meu peito.

Olhei para minha esposa e meu filho, que nada perceberam. Muito emocionado, fiz uma prece e agradeci pelo tempo a mim oportunizado.

Como vocês podem ver, não tem como negar que minhas experiências fora do corpo me asseguram que a vida continua.

Se fosse algo que tivesse acontecido uma vez, tudo bem, poderia ser coisa da minha cabeça... Mas, meus amigos e leitores, é muito real. Não tenho como dizer que a vida não continua. Eu só tenho a agradecer por essas oportunidades vividas, porque confesso que talvez, se não tivesse passado pelo que passei, eu não seria o que sou hoje.

Eu não tenho nenhuma dúvida: a vida não se resume a esta vida.

A partir dessa última experiência, mais alguns tipos de mediunidade afloraram em mim.

Foram elas as mediunidades de vidência, clarividência, psicofonia, desdobramento e outras, que exerço hoje para ajudar quem posso.

Como vocês podem ver, eu tenho experiências que, não nego, me transformaram e transformaram meu jeito de olhar a vida, as pessoas e o mundo em que vivo.

A mediunidade é um atributo divino, e divinamente devemos exercê-la.

O uso indevido da mediunidade causa sérios problemas para aqueles que supostamente se dizem médiuns.

Quais foram suas experiências com a mediunidade?

O que aconteceu com vocês quando perceberam que eram médiuns?

Eu aprendi com as experiências que tive até os dias atuais que temos que agir sempre em conformidade com o caráter dos espíritos que nos cercam. Se porventura sua mediunidade não é empregada para o bem comum, certamente, meus amigos e leitores, vocês não estão fazendo a coisa certa com sua vida mediúnica e isso vai lhes causar débitos que podem aprisioná-los nas regiões de sofrimento, sem que nada nem ninguém possa ajudá-los. Procurem ser mais médiuns e mais humanos. Dediquem-se à sua vida espiritual. Afinal, temos o dom de ajudar pessoas através dos espíritos amigos, que sempre estão à disposição, quando o assunto é o amor.

Perdoem-me aqueles que pensam diferente. Mas minha vida sempre foi diferente, como vocês podem ver nas linhas anteriores.

Estudem mais sobre o fenômeno da mediunidade e, principalmente, sobre o animismo e outros tipos de manifestação.

O bom uso da mediunidade nos traz benefícios infinitos. Pensem e acreditem nisso, e vocês vão compreender que o dom da mediunidade é uma dádiva. E, sendo uma dádiva, como disse, divinamente devemos exercê-la.

Encontro vocês nas próximas linhas...

Obrigado!

“

DEUS DÁ A SEUS
MELHORES SOLDADOS
AS MAIS DIFÍCEIS BATALHAS.

”

Daniel

Quem é Marabô?

Após ter escrito tudo sobre minhas experiências fora do corpo, como solicitado pelos amigos espirituais, fui procurado por Marabô novamente, para darmos continuidade ao livro.

Logo que ele chegou, pensei em saber mais sobre ele. Acho justo todos nós conhecermos melhor o autor desta obra. Foi então que aproveitei o momento em que estávamos sozinhos e perguntei:

— Marabô, você pode nos contar quem é você?

— Quem sou eu? Como assim?

— Quem é Exu Marabô?

— Muito boa a sua pergunta.

— Obrigado.

— Antes de começar, é importante que todos saibam que, primeiramente, eu sou um espírito como qualquer outro em evolução. Atualmente, estou classificado como Exu, como todos os outros Exus. Trabalho nessa falange já há alguns anos e é através do trabalho na falange de Exu que venho conquistando minha evolução espiritual.

— Não é exatamente isso que gostaríamos de saber. Perdoe-me.

— O que querem saber?

— Sua história… Sua vida… Quem é você?

— Ah, sim… Eu sou um espírito como todos os outros espíritos, criados simples e ignorantes, que está há muito tempo trabalhando para a evolução pessoal.

— Isso você já falou.

— Então, acho melhor você reformular sua pergunta.

— Ok. Então, me responda: o que foi que o condicionou a trabalhar como Exu? Você sempre foi Exu?

— Exu é simplesmente uma nomenclatura. Eu sou um espírito trabalhando para a minha evolução pessoal, como disse anteriormente. Dedico toda a minha existência a melhorar-me, para, um dia, ter condições de adentrar os planos mais sublimes da Criação. Saiba que essa regra é, na verdade, uma Lei Natural, à qual todos os espíritos estão intrinsecamente ligados.

“É o caminho de todos os espíritos, mas, claro, cada um em seu tempo de despertar consciente.

“Acontece que, por ter falhado muito quando estive encarnado, minha caminhada para purgar todo mal que fiz é um pouco diferente da sua, por exemplo.

"Quando o espírito chega à vida espiritual, é avaliado por tudo o que fez durante sua encarnação. Aqui recebemos as oportunidades de refazer nosso caminho. E, dependendo do que você fez, lhe é oferecida uma oportunidade consoante aos débitos. Assim, o melhor para mim foi, e é, trabalhar na falange de Exus."

— Sim. Eu já escrevi vários livros sobre como é a vida depois do desencarne e sempre vejo que, após nossa conscientização, recebemos oportunidades de reparar nossas falhas e geralmente se é aproveitado aquilo que temos de melhor.

— É exatamente assim. Se, nas suas encarnações, você foi um médico, o seu melhor é a parte do médico. Assim, somos convidados a exercer o que de melhor temos para reparar o tempo perdido.

— Sim. É muito interessante como tudo acontece após nosso desencarne.

— Nada se perde no Universo, meu nobre escritor.

— É muito bom poder escrever sobre isso e dar ciência a todos de que, embora, por muitas vezes, desorientados ou mal orientados, erramos.

— Deixe-me ensinar uma coisa para você.

— Diga.

— O erro ou o pecado, como vocês conhecem, somente acontecem quando são praticados de forma consciente. Ou seja, se você fez algum mal de forma consciente, você pecou. Contrariou as Leis Evolutivas.

"Quando você faz algo sem intenção, ou por falta de conhecimento, não é considerado como falta, e sim como ignorância. E ignorância, aqui, não é punida."

— Que maravilha de ensinamento! Mas quer dizer que você é um espírito como nós, que viveu como nós e agora tem a oportunidade de reparar suas falhas?

— O que nos difere é o estágio evolutivo em que nos encontramos. Todos os espíritos são criados simples e ignorantes. As encanações são oportunidades evolutivas. Funcionam como uma escola, onde o aluno mais dedicado e estudioso passa na frente dos demais, principalmente do aluno preguiçoso e rebelde e do aluno de baixo intelecto.

— Sabe o que é, Marabô...

— O quê?

— É que conhecemos os Exus como algo diferente.

— Diferente como?

— Ah, sei lá... Dizem por aí que Exu faz pacto com os piores espíritos que existem... com demônios, diabos, satanases etc.

— Se assim o fosse, não seríamos os mensageiros, os guardiões de todas as dimensões e dos portais que os protegem... Não seríamos os amigos de todas as horas, de todos os lugares, de todos os momentos.

“Se destinássemos nossa existência a fazer o mal, provavelmente estaríamos presos a nossas mazelas ou nas profundezas infernais, reparando nossos erros nos escabrosos lugares que infelizmente ainda existem devido à imperfeição moral de alguns espíritos.

“Ligar-nos ao mal é perda de tempo. Estamos há muito tempo entre vocês e sabemos de tudo o que precisamos para nos tornarmos melhores e auxiliarmos a Criação e todos os nossos irmãos.”

— Mas vocês estão ligados à falange do mal?

— Obviamente que não.

— Mas de onde surgiu essa história? Quem foi que ligou vocês às piores criaturas terrenas?

— Não fomos nós que fizemos isso. Tenha certeza disso.

— Quem fez?

— A imperfeição, a maledicência, a ignorância e o mau-caratismo, além de nossos inimigos naturais. Afinal, somos os defensores do bem, os mensageiros das esferas espirituais. Somos os guardiões de todo o Universo, meu amigo escritor. Estamos em todas as colônias, em todos os lugares. Estamos neste plano espiritual desde a criação deste planeta, e você há de convir que incomodamos muita gente.

— É exatamente nisso que eu acredito.

— No que você acredita?

— Nossa imperfeição. Acho que é ela que fez de Exu um espírito treval, ruim, bebedor de cachaça e outras coisas mais.

— Olhe, neste livro, vamos ter uma conversa franca sobre todo esse universo que os cerca. Irei mostrar nosso lado nas religiões e nos cultos, bem como a imagem que vocês criaram das entidades da Umbanda e de outras denominações. E é por esse motivo que se chama *O Livro Proibido*, porque muita gente vai querer desacreditar esta obra. Mas fique tranquilo, que aqueles que se opuserem ao que eu disser o farão porque nos enxergam como seus subordinados e não nos conhecem. São mentes ligadas ao materialismo e à decadência moral.

— Se me permite, eu queria lhe dizer uma coisa.

— Diga.

— Eu não estou nem um pouco preocupado com o que as pessoas dirão sobre o que escrevo. Se estiverem incomodadas, simplesmente não leiam e ignorem, pois ninguém precisa acreditar no que escrevo, no que vivo diariamente ao lado de vocês e, muito menos, em minha vida mediúnica e espiritual. Esta é minha vida, minha evolução, e não devo nada a ninguém, exceto à minha consciência.

"Caso tenham dúvida, que voltem ao capítulo anterior e releiam o que escrevi sobre minhas experiências fora do corpo.

"Se nem Jesus é acreditado até os dias de hoje, por que motivo devo me preocupar com isso, meu amigo?"

— Você está no caminho certo. É necessário dar um basta no que se faz hoje em dia nessa relação entre mundo invisível e plano carnal. Vocês precisam ser mais inteligentes e menos materialistas, pois é o materialismo que leva os adeptos da religião espírita a fazerem o que estão fazendo. Estão a todo tempo inventando rituais e dizendo que é por nossa orientação. Onde já se viu matar um animal e dar seu sangue como se precisássemos disso! Beber cachaça e usar drogas e fumo... rituais que só deslumbram quem nada conhece sobre nós.

"Há fundamentos e mistérios quando realmente alguns elementos do seu plano podem ser usados para atingirmos objetivos caridosos. Se não é caridade, é mentira. Falta de caráter, de conhecimento, de humildade, de inteligência, de amor e de empatia, isso sim é o que muito se vê nas supostas reuniões espíritas.

“Nós já tivemos uma vida entre vocês. Fiquem cientes disso.

“Já comemos das suas comidas e bebemos das suas bebidas.

“Por que, quando desencarnados, precisaríamos disso?

“Meu corpo é espiritual... Corpos espirituais não precisam de nada do que está no seu ambiente material. Estamos em estações diferentes, em regiões diferentes, com energias diferentes...”

— Então, nada do que se faz para vocês funciona?

— Saibam que só chega até nós o que vocês desejam de coração, aquilo que fazem com fé e entrega emocional, e não o que vocês consomem.

— Sendo assim, basta um pedido sincero, de coração? É isso? — perguntei.

— Isso chega até nós. Aquilo que vocês intencionam chega até nós. Seus desejos, suas preces, seu amor, sua entrega, sua dedicação e seu caráter, é isso que importa para nós.

“Lembrem-se de que minha evolução está condicionada àquilo que penso, desejo e faço. E é no amar a todos que está o alimento necessário a todos os espíritos em evolução.

"O resto é humano. É falho. É desejo sem fim...

"É animismo exacerbado..."

— Mas desde que o mundo é mundo são feitas oferendas...

— Oferendar é presentear... Quem não gosta de ganhar um presente?

— Verdade.

— Nós ficamos felizes quando somos lembrados, e presentear-nos é um gesto de gratidão e amor.

"Mas a forma correta de nos deixar felizes não é como vocês fazem nos dias atuais."

— O que temos que fazer para deixar vocês felizes?

— Amar... Isso basta.

— Eu fico muito feliz em ser o portador destas linhas.

— Faça seu trabalho.

— Você sabe que existem algumas lendas sobre sua passagem na vida terrena?

— Mentes férteis... Animismo espiritualizado.

— Não são verdades?

— Claro que não. São lendas. Somente lendas...

— Você poderia me contar um pouco da sua história?

— Sim, posso. Mas é importante todos saberem que Marabô é uma falange. Milhares de espíritos trabalham nessa falange, nesse arquétipo. Sendo assim, somos espíritos que trabalham sob a mesma égide, mas somos diferentes.

— Isso eu já sabia.

— Nessa corrente, se assim podemos chamar, trabalham espíritos que viveram no seu país e também em outros países. Há padres, soldados, guerreiros, mensageiros, andarilhos e espíritos diversos que expiaram as provas necessárias para exercermos nossa tarefa. Trabalham como Exus aqueles que têm características e experiências que possam ser aproveitadas como Exus.

— Já me ensinaram isso e você também já disse. Aproveita-se na vida espiritual aquilo que temos de melhor.

— É isso mesmo. Para você se tornar um Exu, é necessário que cumpra alguns requisitos que essa linha de trabalho exige. Aliás, tudo por aqui vai exigir de você vontade, conhecimento, sabedoria e coragem.

— Existe alguma característica específica para se trabalhar como um Exu?

— Sim, existem algumas.

— Você pode citá-las?

— Por exemplo, os militares.

— Todo tipo de militar?

— Sim, todo tipo.

— Por que é preferível essa característica, esse conhecimento?

— Pela experiência e conhecimento em lidar com situações que exigem equilíbrio, *expertise*, paciência, sabedoria e coragem.

— Entendi. Você foi um militar?

— Sim. Eu fui soldado em várias encarnações, e foram essas experiências quando estive encarnado que me qualificaram para trabalhar como um Exu.

— Como se organiza uma falange de Exus?

— Em toda a Criação, há lideranças espirituais superiores. São elas que organizam tudo. Os orixás e seus subordinados diretos são os responsáveis pelo equilíbrio da dimensão em que você está encarnado.

"À medida que o espírito evolui, ele se torna mais sutil. Essa sutileza não está ligada diretamente a seu estado perispiritual, embora o corpo espiritual reflita suas conquistas, mas sim ao conhecimento adquirido durante as oportunidades evolutivas que esse espírito teve. Isso qualifica o espírito para dirigir, administrar ou até mesmo controlar determinadas ambiências, para que ocorram as oportunidades encarnatórias.

"É um grande projeto. Para que tudo se cumpra dentro da Lei Natural, que rege todas as coisas, é necessário que esses espíritos estejam intrinsecamente ligados às energias dominantes nos processos evolutivos.

"A isso, vocês deram o nome de orixás, que, na verdade, são espíritos de alta envergadura evolutiva.

"Foram dadas a eles responsabilidades alquímicas. E é através do controle das energias, fluidos e elementos naturais que tudo é possível no plano físico, pois, sem equilíbrio e controle, certamente vocês já teriam destruído o planeta.

"Esses espíritos precisam de auxiliares para que tudo transcorra dentro da normalidade exigida, embora, por vezes, haja um desequilíbrio, provocado ou natural, inerente aos orixás. São fenômenos superiores administrados por espíritos mais superiores do que aqueles dos quais estamos falando agora.

"Assim, milhares de espíritos são convidados ao trabalho diário de assistência aos encarnados, o que possibilita e oportuniza nossa evolução, pois somente evoluímos quando amparamos e auxiliamos outros irmãos.

"Lembre-se de que estamos no mesmo plano. Eu e você estamos no mesmo lugar. O que nos diferencia são os corpos que estamos usando atualmente. Você usa um corpo limitado e perecível. Eu uso o perispírito transformado, que conquistei através da minha evolução atual, e esse corpo espiritual continua em transformação, que pode ser evolutiva ou destrutiva.

"O desejo evolutivo é mais consciente quando o espírito está desencarnado, já que a encarnação é prova e, sendo prova, muita coisa lhe é ocultada para proteger e resguardar o projeto da evolução.

"Quando chegar à vida espiritual, a compreensão do que estou explicando aqui se tornará mais clara, e é nesse momento que o desejo ardente da evolução pessoal se instala dentro de todos os espíritos."

— Foi dessa forma que você se tornou um Exu?

— Foi onde me encontrei. Aqui, Osmar, você precisa se encontrar e se alinhar àquilo que lhe faz bem. Quando trabalhamos naquilo que amamos, o trabalho se torna lazer.

— Isso eu conheço muito bem.

— Pois é.

— Mas você não viveu nada daquilo que temos como lendas de Marabô?

— Não. Tudo o que conhece como sendo meu é, na verdade, fruto de mentes vazias e sem conhecimento sobre quem somos verdadeiramente. Deixe-me contar uma coisa para você.

— Sou todo ouvidos e sou seu lápis.

— A raça humana, desde que passou a se compreender, é dominada pela própria raça. É impondo medo que muitas denominações ou organizações religiosas ou ideológicas se estabelecem.

“Isso acontece desde que vocês se compreendem como seres eternos, durante a eterna busca do divino, que não está em nenhum lugar, mas que está no lugar correto, dentro de vocês.

“A busca do divino não é algo que lhe ensinam. A procura do eu espiritual é, na verdade, parte de você. Você nasce com isso. Afinal, você é um espírito temporariamente em uma experiência humana.”

— É verdade. Eu sempre pensei assim.

— Você é espírito, e a lembrança da vida espiritual, sua verdadeira morada, não se apaga pelo fato de estar temporariamente em um corpo físico, fora de seu verdadeiro lugar.

“Alguns encarnados mais astutos perceberam e percebem até hoje que têm poder sobre os menos intelectualizados, imposto através do medo, da ignorância intelectual ou das ideologias doutrinárias e religiosas, e o fazem há muito tempo.

“Quando foi convocado a reencarnar, você sofreu, porque, por mais que lhe pareça perfeita, a encarnação é sempre punitiva e prova difícil de superar.

“Quando entrou nas fileiras da reencarnação, sentiu dentro de si a angústia de ter que passar um tempo fora de casa. E é essa angústia que é acionada pelos mais intelectualizados para arrebanhar multidões, tornando-as escravas da própria ignorância, mantida pelos poderes religiosos, políticos, ideológicos e sacerdotais.

“Se eu lhe dissesse agora que tem que viajar e passar mais de 70 anos longe daqueles que tanto ama, longe de sua casa e de tudo o que o envolve hoje, como você se sentiria?”

— Acredito que triste e angustiado.

— O que levaria para essa terra distante?

— Saudade e tristeza de ter que me afastar de tudo que construí e tanto amo.

— É assim que todos os encarnados se sentem. Há um vazio inexplicável que os faz buscar no espiritual a resposta, a conexão com sua essência, que nunca foi humana.

Muitos entram em estado de depressão e não percebem que a doença é, na verdade, a ausência da terra distante.

— Meu Deus!

— Todos vocês estão com pressa. Já reparou nisso?

— Meu Deus, é verdade. Fazemos tudo como se hoje fosse o último dia. Vivemos uma vida que não nos pertence. Estamos sempre gananciosos, querendo mais e mais.

— Isso é a certeza de que vocês não são daqui, certeza essa que, infelizmente, não lhes avisaram. Simplesmente alguns perceberam e os exploram, prometendo-lhes um céu libertador e ameaçando-os com um inferno que não existe. O céu e o inferno são portáteis. Vocês os carregam dentro de si.

"Tudo isso é invenção de mentes intelectualizadas e descrentes da existência da vida eterna. Fique certo de que quem os escraviza intelectualmente, religiosamente ou ideologicamente não crê na vida fora do corpo. Eles nem sequer creem na eternidade ou na existência de um Deus soberano e bondoso com toda a Sua Criação."

— Seriam demônios?

— Podemos chamar esses infelizes de espíritos descaídos, pois todos os dias desperdiçam milhares de oportunidades de melhoramento e afundam-se nos labirintos destrutivos da evolução.

"Demônios, satanases, capetas, diabos, tudo isso não existe. Isso é invenção humana para controlar as mentes menos esclarecidas. Eu vou lhe explicar..."

— Sou todo ouvidos...

— A palavra "demônio" vem do latim *daemon*, que significa "espírito"; do grego *daimon*, "divindade, poder divino, deus de menor importância, espírito guia, deidade tutelar (às vezes podendo incluir espíritos dos mortos)"; do indo-europeu *daimon*, "provedor, aquele que divide"; de uma base DA-, "repartir, dividir".

"A conotação negativa dessa palavra se prende aos primeiros textos cristãos, onde ela era usada para designar 'um deus dos pagãos, um espírito impuro'. Não eram raras apropriações desse tipo com a finalidade de combater as antigas religiões pagãs.

"Diabo é aquele que nega e calunia o opositor. Sempre que você é contra algo ou alguma coisa, você é diabo.

"Capeta é todo aquele que usa capa. Se você colocar sobre seus ombros uma capa, poderá ser chamado de capeta.

"Satanás é uma palavra hebraica que significa opositor. Todos que se opõem a você são satanases.

"Sendo assim, o que lhes falta é estudo das próprias palavras do dicionário que usam em seu dia a dia.

"Falta instrução e vontade de aprender. E muitos líderes, ao perceberem a preguiça física e intelectual da maioria dos espíritos encarnados, criaram e ainda criam ideias demoníacas para controlá-los através do medo e da ignorância."

— Ouvindo tudo isso de você, me apavora saber que estamos tão distantes de compreender a Espiritualidade que nos envolve.

— Não fique assim. Hoje podemos falar sem sermos reprimidos. Já faz muito tempo que esperamos por essa oportunidade.

— Qual oportunidade?

— A de falar. Fomos reprimidos durante muitos séculos por determinadas denominações religiosas, que sempre controlaram vocês encarnados. Para vocês, somos criaturas do mal. Não é essa a ideia que se tem de Exu?

— É verdade. A maioria enxerga em Exu algo ruim.

— O que você vê em mim?

— Um espírito muito esclarecido e cheio de luz.

— É assim que somos.

— Mas por que vocês não falaram antes?

— Até tentamos, através de alguns missionários, mas infelizmente foram calados pelo poder que controla todas as nações.

— Existe esse poder?

— Desde que o mundo é mundo, vocês são controlados, como já disse.

— E Deus não faz nada?

— Se fizesse, não seria Deus e se igualaria à Criação. Ele não pode ser comparado à imperfeição que domina as mentes em evolução.

— Mas, então, por que tudo é assim?

— Assim como?

— Com mentes controlando massas, por exemplo?

— Deixe-me fazer uma pergunta para você.

— Pois não.

— O que é a evolução para você, meu amigo escritor?

— Evoluir é tornar-se perfeito, melhorar-se todos os dias.

— O que é a perfeição?

— A perfeição é ser do bem, não fazer mal às pessoas e ajudá-las na medida do possível.

— Acha mesmo que isso é ser perfeito?

— É isso que minha religião me ensina.

— Pois vocês estão muito equivocados.

— Então, nos explique, por favor, Marabô. O que é a perfeição?

— A perfeição é algo que sua mente e sua condição espiritual atual não lhe permite compreender. Por esse motivo, não tenho como lhe explicar. Eu poderia citar vários exemplos de perfeição, mas você não acreditaria e sua mente atual não está capacitada a compreender. Por essa razão, muitas coisas ainda não foram reveladas aos espíritos encarnados, em evolução.

— Mas você conhece a perfeição?

— Dentro de tudo o que aprendi até agora, compreendo que a perfeição transcende até mesmo a minha forma perispiritual.

"Ser perfeito é ter o poder de criar, modelar, transformar, auxiliar, amparar, amar com toda a sua intensidade e estar em todos os lugares. É ter a sabedoria e compreender que ainda estamos no começo de uma longa jornada, a jornada que nos aproximará e nos oportunizará nos sentarmos à direita do Pai, lugar reservado aos perfeitos. É mais ou menos isso... se compreende."

— Acho que estamos muito distantes disso, meu amigo...

— Eu também. Pode ter certeza disso.

— Há quanto tempo você está na vida espiritual?

— Desde que fui criado.

— Você nunca encarnou?

— Várias vezes.

— Ué, então como esteve o tempo todo na vida espiritual?

— É que você, como todos os outros, formulam as perguntas com sentimentos humanos. Eu lhe respondi que estou na vida espiritual desde que fui criado porque nunca fui humano. Estive algumas vezes na condição de encarnado, mas sempre fui espírito vivendo uma vida espiritual.

— Desculpe, Marabô.

— Não se desculpe. Estude...

— Sempre que posso, estou estudando.

— É isso que o fará diferente. O estudo é o que o faz compreender além de si mesmo. Por esse motivo, vários espíritos, como eu, estão se comunicando e trazendo mais informações sobre o que os espera nas esferas espirituais.

— Verdade. Em suas experiências humanas, há alguma que você gostaria de nos contar?

— Eu tive poucas experiências humanas. Encarnei muito pouco. A maioria das oportunidades evolutivas que tive foram, e são, nas estações espirituais.

“Sempre fui muito dedicado e curioso. E a curiosidade aliada à reflexão sobre tudo o que me cerca me condicionaram a estar onde estou.”

— Onde você está?

— No mesmo plano que você.

— Aqui na Terra?

— A Terra é separada por diversos anéis energéticos, fluídicos e elementais, alguns ainda incompreensíveis para vocês. O que vocês chamam de dimensões espirituais são, na verdade, estações, onde os espíritos se comprazem, experimentam e evoluem.

“As mais ativas são as nove primeiras. Nós estamos em uma delas.

“Não acho necessário falar sobre suas características e funcionalidade, pois já é assunto discorrido por outros autores e de fácil compreensão. Mas, se preferir, posso explicar.”

— Não vejo necessidade.

— Posso prosseguir?

— Por favor.

— A dimensão atual em que estamos eu, você e todos os encarnados é o local correto para extrairmos das experiências diárias o que sutiliza nossos corpos espirituais em graus diferentes.

— Pode explicar melhor o que seriam graus diferentes?

— Para se viver em uma dimensão, seu corpo espiritual tem de estar em harmonia e conformidade com ela. Você não consegue entrar em uma porta muito estreita, consegue?

— Dependendo da largura, não irei conseguir.

— E por que não conseguirá?

— Provavelmente pela dimensão do meu corpo.

— Vamos colocar esse ensinamento de uma forma diferente, pode ser?

— Claro que sim.

— Quais são suas medidas?

— Eu tenho 1,89 metro de altura e peso 115 quilos.

— Se houver uma porta pela qual você deseja passar, ou se você se sentir atraído a conhecer o que há do outro lado de uma porta, e essa tiver as seguintes medidas: 1,20 metro de altura por 50 centímetros de largura, você acha que consegue passar?

— Olhe, quanto à altura, eu acho que até conseguiria. Se eu me agachasse, poderia entrar de lado... Mas certamente minha largura não passaria.

— O que você tem que fazer para conseguir?

— Emagrecer.

— Isso será sacrificante?

— Sim, pois teria que emagrecer muito. Teria que me dedicar, fazer exercício, dieta e muito mais.

— Emagrecer para caber, é isso?

— Isso.

— Sacrifício, prova, determinação, desejo, vontade, perseverança, coragem, desafio, exercício... Precisaria de tudo isso e muito mais, você não acha?

— Com certeza não seria nada fácil.

— É fácil a vida?

— Não, essa aí, meu amigo, não é nada fácil.

— Você está em treinamento para passar pela porta estreita. Embora não tenham essa consciência, todos os espíritos estão se modificando para, um dia, passar pela porta estreita.

— Jesus disse isso.

— Estamos falando da mesma coisa. Assim, para que você consiga adentrar as dimensões que nos envolvem, é necessário que tenha um corpo espiritual adequado ao ambiente em que deseja viver, conhecer ou encontrar alguém que você muito ama e que está muito distante de você.

— E você já tem um corpo espiritual melhor?

— O que você acha ser um corpo espiritual melhor?

— Ah, sei lá... Um corpo que lhe possibilite viajar por todas essas dimensões.

— Posso lhe afirmar que sim. Pela minha atual condição espiritual, lhe asseguro que tenho acesso a todas essas nove dimensões.

— Então, por que continua aqui entre nós?

— Porque é aqui entre nós que eu vou conseguir melhorar ainda mais meu corpo para transcender as nove dimensões e ir além de mim.

— Nossa, quanto ensinamento!

— Ainda estou aprendendo, se quer saber.

— O que tem além das nove dimensões?

— Dizem que há outras dezenas de dimensões.

— Dizem?

— Sim, dizem, porque é muito raro que algum espírito volte de lá para contar.

"Todas as suas conquistas são pessoais e intransferíveis. Anote isso..."

— Você não quer nos contar sobre sua experiência quando estava encarnado?

— Não acho que seja útil. Vocês têm que parar de viver a vida dos outros. Precisam se preocupar mais em viver suas vidas intensamente e aproveitar tudo o que acontece em seu dia a dia, pois as provas que lhes são entregues são aquilo que os modifica. E fiquem certos de que a maioria das coisas que vocês pensam ser um acaso somos nós, os espíritos amigos, na verdade, lhes mostrando o caminho que devem seguir.

"Saibam que nossa missão não é material. Estamos aqui entre vocês para auxiliá-los e expandir sua consciência. Qualquer outra coisa diferente do que estou revelando aqui é humano, é material, é anímico e não pertence aos Exus."

— Vocês vivem entre nós?

— Sim, estamos no mesmo lugar, na mesma prova. Não olhem para os céus nos procurando. No céu estão as cidades espirituais. Como já lhe disse, estamos na mesma dimensão, em busca da evolução necessária a transcender para dimensões superiores, como informado.

"Olhem para a mata, para as cachoeiras, para as encruzilhadas, para os oceanos, para os rochedos, para os calungas, para as estradas e para todos os reinos, pois é onde vocês vão encontrar Exu."

— Obrigado, Marabô, por seus ensinamentos.

— Nós é que agradecemos a oportunidade. Agora tenho que cuidar de algumas coisas. Em breve, o procurarei para darmos continuidade à sua escrita, aliás, à nossa escrita.

Naquele momento, nos despedimos.

Fiquei à espera de um novo encontro, feliz e muito contente em ser o portador destas linhas. Tenho certeza de que, se você ler com o coração tudo o que estamos escrevendo, muita coisa pode mudar em você, leitor amigo.

Muita coisa já havia mudado dentro de mim.

Temos que ter humildade e sabedoria para entender os propósitos de Deus em nossas vidas…

Sejamos mais empáticos…

"

DEUS ESTÁ EM TODAS AS COISAS,
EM TODOS OS SEUS FILHOS
E EM TODOS OS LUGARES.

"

Osmar Barbosa

Um sinal de alerta

No dia seguinte, logo pela manhã, fui procurado novamente por Marabô, que trazia ao seu lado o meu nobre amigo Caboclo Ventania.

Fiquei muito feliz com a presença dos nossos amigos espirituais logo cedo. São oportunidades que, confesso, me deixam extremamente feliz. Afinal, esses arquétipos geralmente são muito ocupados.

— Bom dia, Osmar!

— Bom dia, Ventania! Bom dia, Marabô!

— Bom dia! — respondeu o Exu.

Eu já estava em meu escritório, trabalhando em um projeto pessoal, quando nos encontramos novamente.

— Osmar, você se lembra de quando o levei a vários centros espíritas e relatamos os bastidores de tudo o que acontece antes, durante e depois de algumas sessões espíritas?

— Sim, me lembro bem, Ventania. Foi no livro *Entrevista com Espíritos — Os Bastidores do Centro Espírita*.

— Neste livro, eu vou levá-lo a dois centros espíritas e mostrar a diferença entre o amor e a avareza — disse Marabô.

— Serei o seu lápis, meu amigo.

— Então, venha e escreva o que vou lhe mostrar agora.

— Certo.

Em desdobramento, eu os segui.

Logo me vi em uma estrada de terra batida, indo em direção a uma cidade que fica abaixo de nossos pés. Caminhávamos eu, Marabô e Ventania.

Foi quando Marabô disse:

— Osmar, eu preciso lhe falar e peço que anote tudo sobre nossa percepção relacionada a alguns terreiros e centros espíritas da atualidade.

— Pode dizer, que anotarei tudo, meu nobre instrutor.

— Milhares de terreiros e centros espíritas na atualidade são um verdadeiro fracasso. A maioria deles é mantida por pessoas inescrupulosas, despreparadas, de mau-caráter e de má-fé. São pessoas que se dizem médiuns para viver, ganhar dinheiro e fama e enganar pessoas de bem, achando que não há nenhuma lei que as punirá quando deixarem a matéria.

"São hereges comparados aos antigos hebreus, os que vivem do outro lado do rio, do outro lado da fé, do outro lado de Deus e Sua governança.

"Basta um pequeno arrepio e já são médiuns. Abrem um centro espírita como se abre um comércio ou uma barraca para vender quinquilharias, sem nenhuma iniciação aos fundamentos e mistérios que nos envolvem. Isso, confesso, é mais comum nos terreiros de Umbanda, Quimbanda, universalistas e mistos. Pouco se vê nos centros espíritas kardecistas, já que, nesse tipo de culto, nossa presença é somente protetiva, e não de goécia ou mística. Mas também seguem pagando mensalidades a federações ou organizações que são, na verdade, verdadeiros sindicatos disfarçados de religião.

"Tiram o sustento de onde não se deve tirar.

"Parece que a mediunidade virou profissão e o centro espírita, núcleo para se arrecadar impostos em forma de contribuição ou mensalidade.

"Alguns querem ser dirigentes pela posição social de sua cidade ou de um pequeno grupo, achando-se melhores do que os outros.

"Ainda vemos com muita tristeza o mau-caratismo de certos infelizes irmãos que, valendo-se da mistificação, fingem agir em nosso nome e enganam pessoas de bem que batem à porta do Espiritismo quando fragilizadas pela dor.

"É uma verdadeira oficina de incapazes, com espíritos decaídos valendo-se de pouco conhecimento, adquirido para suprir suas infelizes necessidades. É um lugar onde, certamente, bons espíritos não estão. Para se ter uma ideia do que digo, nós mesmos nem na porta passamos.

"Os bons espíritos não se comprazem com injustiças, com regimentos internos, com regulamentos, com mau-caratismo e, muito menos, com ditaduras doutrinárias espíritas, sejam elas quais forem.

"Como disse Nina Brestonini, 'toda doutrina ou ditadura é maléfica ao espírito em evolução'.

"Há regras para tudo: roupas, calçados, cabelo, amizades e muitas outras coisas que não condizem com a liberdade de pensar e estudar. Essa liberdade é pregada pelos bons espíritos por saberem que é através das experiências boas e ruins que se conquista a evolução espiritual necessária a todos os espíritos.

"Em grande parte desses locais, os mentores são espíritos famosos, renomados, e a maioria não admite a presença ou a incorporação de espíritos que eles consideram de baixa vibração. Até nisso eles são especialistas.

"São peritos em classificar os espíritos.

"É lamentável tudo o que estamos vendo e acompanhando na maioria dos núcleos espíritas.

"Várias denominações religiosas e centros espíritas têm pouquíssima diferença entre si hoje em dia.

"Dirigentes mal-intencionados, de mau-caráter, se valem dos cargos que ocupam para humilhar, doutrinar e fazer sofrer aqueles que eles deveriam amparar, ensinar, acolher e auxiliar a evoluir através do exemplo, e não de livros ou daqueles manuscritos que eles supostamente defendem como sendo a verdade absoluta.

"Centro espírita é lugar de Evangelho. É lugar de amor, união fraterna, bondade, caridade e transformações íntimas e pessoais. É local de acolhimento, seja para quem for.

"Federações, sindicatos, conselhos, núcleos doutrinários, estatuto, CNPJ, regularização jurídica, associações, tudo isso é inútil quando o propósito da caridade está ausente.

"Diretoria, coordenação, responsáveis, chefes de setores... Como tudo isso atrapalha a casa espírita!

"As pessoas demoram a compreender que, para fazer caridade, ninguém precisa de cargo, posição, sala separada, documentos, eleições e tudo o que estamos cansados de ver que não funciona. Não se impressione com o que digo nem com a forma que digo. É que a maioria de vocês acham que Exu é um espírito atrasado e que não tem sabedoria. Vocês estão muito enganados crendo naquilo que mentes pequenas lhes impõem como sendo o mais absoluto.

"A pior parte do centro espírita é quando a direção ou os diretores empinam o nariz para o resto do grupo, como se eles soubessem toda a verdade, como se o universo espiritual fosse seus funcionários e os mentores fossem seus empregados, pois somente a eles passam as orientações.

"Alta sociedade espírita... O que é isso?

"Maior palestrante da Doutrina Espírita. Que isso?

"Maior médium desse ou daquele lugar?

"A palavra **maior** não condiz com caridade e, muito menos, com a nossa missão entre vocês.

"Cargos e posições de destaque no grupo religioso não condizem com o amor pregado pelos mais nobres benfeitores espirituais.

"Isso porque estamos abordando somente o Espiritismo. Se formos analisar profundamente a Umbanda, não restará nenhum de vocês para contar o final.

"Todos vocês estão, na verdade, muito equivocados com as religiões espíritas.

"O Espiritismo é a luz do Universo, o Consolador Prometido.

"É a centelha divina que veio para iluminar todos os espíritos, sejam eles crentes ou não. Você não precisa ser espírita para que eu o ajude...

"A nossa missão não é a de ter posição de destaque em uma religião criada pelos homens.

"A missão dos espíritos é lhes informar que a vida continua e que colheremos na vida espiritual o fruto da semeadura terrena. Inclusive, os espíritos que hoje trabalham nos centros espíritas estão conscientes da responsabilidade que lhes cabe.

"Mas, meu querido escritor, sinceramente, parece que a maioria dos que se dizem espíritas nem sequer acreditam nisso.

"Levam uma vida de pecados constantes. **Não acreditam nos espíritos**.

"Porque, se acreditassem no princípio espiritual, não fariam o que fazem.

"Não pregariam o que pregam.

"Usam das palavras de Jesus para arrebanhar mensalidades, vender livros e encher bazares, almoços, jantares, eventos e shows, como outras denominações o fazem.

"Seguem doutrinas e ideologias que oprimem o outro, achando que a doação de cestas básicas e roupas usadas é caridade.

"Vocês não devem dar o peixe. Deem a vara para pescar...

"Desviam os recursos oriundos das doações caridosas para suas necessidades pessoais, como se isso fosse a coisa mais correta a se fazer.

"Não queremos dizer que o centro espírita não precisa de dinheiro. Ele precisa, sim. Precisa ser mantido. Precisa de instalações confortáveis. Precisa crescer. Mas o que vemos é um escândalo: mediunidade virando meio de vida...

"Livrarias espíritas não podem vender determinados livros... Cadê a liberdade de pensar? Quem é você para julgar uma psicografia? Quem é você para dizer que esse ou aquele livro não deve ser lido?

"Ditadores doutrinários. Papas espíritas.

"E olhe que até já estamos vendo movimento socialista no Espiritismo. Alguns afirmam que Allan Kardec foi transfóbico, homofóbico e racista quando transcreveu os livros doutrinários.

"Espiritismo socialista... Não nos falta mais nada.

"Sinceramente, meu amigo, a vontade que temos é de deixá-los à própria sorte, sair por aí e nunca mais voltar às casas espíritas, esperando que vocês colham os frutos da ignorância, da vaidade, do ego e da avareza terrena.

"Mas nossa missão é muito mais do que podemos revelar.

"É lamentável tudo o que estamos vendo em sua religião.

"Você, que é o escritor, não deve se preocupar com o que vai lhe acontecer depois deste livro. Somos nós, os Exus, que estamos no domínio de sua escrita. Portanto, que cobrem de nós aquilo que aqui é revelado. Não podemos nos curvar diante de tanta falcatrua, maledicências e desonestidade em nosso nome.

"Não me compare àquilo que você cultua como sendo um Exu.

"Somos o todo. Estamos no todo, e o todo está em nós...

"Não vamos nos calar. É hora do grito que pode salvar o pouco que resta do Espiritismo e das casas de Umbanda honestas, que deve ser protegido. É hora de defendermos aqueles que dedicam suas vidas por nós. É hora de separar o joio do trigo...

"Saibam que nossa posição sobre isso não é política, pois não perdemos nosso tempo com questões pertinentes às provas evolutivas. Não é que não tenhamos o dever de zelar pela honestidade em todos os segmentos da sociedade em que estamos, pois nosso plano espiritual é o mesmo. Mas saibam que não vale a pena colocar sentimento em algo que não faz bem e que é, na verdade, uma perda de tempo argumentar com a ignorância de alguns. Não estamos aqui para isso.

"É preferível que vocês usem seu coração, suas dores e sua solidão mediúnica para ajudar aqueles que batem à sua porta com fome, frio e sede de honestidade.

"Vocês não veem em um centro espírita irmãos que tenham opções sexuais diferentes daquilo que quem oprime acha ser correto. Parece que eles não têm esse direito. Parece que são doentes e que não podem nem devem ser espíritas. Por que tanta discriminação? Onde está o amor ao próximo? Somente nas palestras?

"É raro uma casa espírita kardecista ter meninos ou meninas com outra opção sexual. Estamos atentos a tudo. Não se enganem e não achem que estão nos enganando.

"Se há, estão escondidos. E ninguém pode saber, já que são tratados como doentes, como algo contagioso.

"Este livro é um grito de liberdade. Encare-o como um divisor.

"Como se a escolha sexual modificasse alguma coisa nos ensinamentos espíritas… Pura discriminação violenta! Uma atrocidade aos direitos evolutivos.

"Sobraram para esses excluídos o Candomblé e a Umbanda.

"Mas são lugares atualmente de verdadeiros horrores, como estamos revelando nesta psicografia.

"Alguns sacerdotes da Umbanda nem sequer manifestam algum de nossos irmãos. Não sabem sequer distinguir animismo de mediunidade, porque, na maioria dos terreiros, é proibido estudar o Espiritismo e nem ao menos se dedicam ao estudo da própria Umbanda.

"A Umbanda tem fundamento. É preciso respeitar.

"A maioria está totalmente equivocada com a missão de sacerdócio na religião de Umbanda.

"Cobram tudo. Ebó, feitura, obrigação, oferenda, amaci, tudo é cobrado, quando não deveria. É uma verdadeira loja de salvação. E o pior é que ainda abrem filiais ou franquias da falta de amor aos espíritos.

"Engraçado é que, quando alguém chega a um centro procurando ajuda, eles só têm duas soluções: a primeira é que fizeram uma macumba para você e a segunda é que você é médium e precisa se desenvolver. Eles não têm outro argumento. É sempre a mesma história destroçando vidas e famílias inteiras.

"Não estamos nos posicionando contra aqueles que seguem e acreditam nesse tipo de trabalho. As suas escolhas os definem.

"Prestem atenção a este ditado: 'Quem com porco anda, farelo come'.

"Também não estamos aqui para dizer que não funcionam todos esses rituais. Funcionam, sim. Mas cobrar é algo que não condiz com a Espiritualidade compromissada com a evolução dos espíritos.

"O que todos precisam compreender é que os espíritos que estão entre vocês, seja nos centros kardecistas, seja nas casas de Umbanda, seja onde houver qualquer interação mediúnica, são seus amigos e estão compromissados com nosso amado irmão Jesus. E nossa missão entre vocês é somente a de auxiliá-los a evoluir. É pela misericórdia divina que estamos entre todos vocês.

"Somente isso…

"Estamos há muitos séculos vivendo entre vocês e os conhecemos muito bem.

"Temos pleno conhecimento do que são um cigarro, uma cachaça e um charuto. Sabemos que o consumo e o uso desses elementos, importantes em determinados rituais, fazem muito mal à saúde do médium. Sendo assim, se os usarmos indiscriminadamente ou em excesso, estaremos agindo de forma contrária ao princípio da evolução dos espíritos.

"O mal que faço a você reflete em mim...

"Esses elementos são utilizados durante os rituais, mas com certo cuidado, para não afetar a saúde do médium, do meio ambiente e de todos que estejam ligados ao momento do ritual.

"Nosso Universo é alquímico. Isso quer dizer que todos os espíritos em missão nas casas espíritas se valem dos processos de alquimia entre elementos espirituais e materiais para atingir seus objetivos.

"A mistura de um elemento material infusa em um elemento espiritual traz resultado à matéria.

"E isso é necessário quando um irmão se encontra doente e necessitado de reparo em seus corpos espirituais para atingir a cura física ou psicológica.

"É importante que todos saibam que manipulamos energias e que, na maioria das vezes, necessitamos de determinados elementos materiais para atingir nossos objetivos."

— Perdoe-me, Marabô, mas você pode explicar isso melhor?

— Você conhece os fundamentos de um charuto?

— Conheço. O Ventania me ensinou.

— Explique aos leitores, por gentileza.

— O charuto tem os quatro elementos indispensáveis e necessários à vida em nosso plano.

— Quais são esses elementos?

— Água, fogo, terra e ar. Sem esses elementos, comprovadamente não haveria vida em nosso planeta.

— Como esses elementos são acionados e quais os benefícios do uso do charuto nos rituais e cultos?

— Bem, como disse, o charuto tem os quatro elementos necessários à vida em nosso planeta. A água é a saliva do médium, quando coloca seus lábios em contato com o charuto. O fogo é a brasa que mantém aceso o charuto. A terra é de onde vem o fumo do qual é feito o charuto. Por fim, o ar é a fumaça soprada quando se pita o charuto.

— Essa composição de elementos traz resultados muito positivos quando usada por nós, porque, além dos elementos da vida, há a energia espiritual que colocamos no ato, para o bem do irmão necessitado.

“A fumaça é um elemento que usamos em quase todos os rituais. Ela tem o poder de afastar energias deletérias dos ambientes e realizar a limpeza dos corpos espirituais e também dos elementos que porventura serão utilizados para atingirmos os objetivos de cura física ou espiritual, além de manter o equilíbrio energético e espiritual dos ambientes.

"É a fumaça o elemento usado em todos os tipos de religiões, cultos e adorações desde a Antiguidade, pois faz a ligação entre o plano físico e o espiritual.

"Esse é somente um dos fundamentos espirituais que nos envolvem e que, sem saber e sem conhecer, é usado indiscriminadamente como algo prazeroso, quando, na verdade, é uma ferramenta espiritual muito usada por nós, Exus, e pelos demais irmãos que trabalham nas casas espíritas sérias e em todos os templos existentes no orbe terreno.

"Quanto ao Candomblé, não temos muito a dizer, pois é, para nós, uma crença à ancestralidade e aos orixás africanos, que não convivem conosco no local em que atuamos agora.

"Se os umbandistas soubessem que os orixás da Umbanda não são os africanos, talvez eles compreendessem este texto.

"Quero deixar bem claro que vocês são livres para abandonar esta leitura. O intuito deste livro é alertar e, quem sabe, salvar essas religiões, porque, se continuarem como estão indo, vão acabar... Elas vão se autodestruir, como já é visível no horizonte."

— Faço minhas as suas palavras, Marabô — disse, atento a tudo o que ele dizia.

— Osmar, as pessoas se alimentam de lixo e acham que vão reciclar.

"Iluminem-se...

"Não percam seu precioso tempo com bobagens, com fanatismo, ou se iludindo que as coisas podem melhorar fazendo ou praticando aquilo que vocês desconhecem.

"A vida é muito curta para vocês ficarem se iludindo com o que não lhes faz crescer.

"Religião é coisa dos homens. Fé e cristandade são coisas de Deus."

— Que lindo, meu amigo!

— Vamos continuar?

— Sim, claro.

Continuamos nossa caminhada um ao lado do outro.

Naquele momento, o silêncio passou a ser nossa companhia.

Eu refletia sobre todas as verdades que acabara de ouvir e pensava sobre como podem ser tão sinceros e presentes em nosso dia a dia...

O que teriam Marabô e Ventania ainda a nos revelar?

"

O ESPIRITISMO NÃO É A
RELIGIÃO DO FUTURO.
O ESPIRITISMO É O FUTURO
DE TODAS AS RELIGIÕES.

"

Daniel

O Reino de Exus

Continuamos caminhando por aquela estrada barrenta sem vida, sem árvores, sem nada. Era apenas uma longa e solitária estrada no meio do nada.

Uma brisa leve levantava um pouco de poeira, que nos envolvia e dificultava, por vezes, minha visão.

Chegamos a uma pequena vila de casas muito antigas.

— Onde estamos?

— No Reino de Exus.

— É aqui que vocês vivem?

— Vocabulário incorreto, Osmar — disse Ventania.

— Perdoem-me. O que disse de errado?

— Nós não vivemos. Nós existimos e estamos em todos os lugares.

— Então, por que um reino?

— Tenha calma. Vamos lhe mostrar uma coisa muito importante — disse Marabô.

— Sim — disse, atento a tudo ao nosso redor.

Ao nos aproximarmos, percebi que havia um grupo de espíritos nos esperando. Todos vestiam uma espécie de bata que lhes cobria todo o corpo. Pareciam monges. Eu logo pensei: "Meu Deus, onde estou? Como pode haver monges em um Reino de Exus?"

Como vocês todos sabem, eu não tenho nenhum problema em perguntar aos meus mentores sobre tudo o que me é mostrado. E nessa hora não foi diferente.

— Quem é aquele grupo nos esperando, Marabô?

— São os iniciados.

— Iniciados? Como assim?

— No Reino de Exus está toda a força energética e espiritual de que precisamos para exercer nosso trabalho, além de ser o local onde os espíritos que trabalham nas linhas de Exus são iniciados e preparados para a tarefa nas regiões mais diversas do plano físico.

"Nada na vida espiritual está ao acaso, assim como toda a Criação não é um acaso. Todos nós, arquétipos e estereótipos, passamos por longos treinamentos para estarmos capacitados ao exercício da função escolhida para a nossa evolução pessoal."

— O que é um arquétipo, Marabô?

— Você não sabe?

— Eu acho que sei, porém gostaria de saber de você o que é um arquétipo...

— Arquétipos são formas de símbolos, e cada entidade que incorpora na Umbanda se manifesta de um jeito simbólico.

“Como exemplo, temos os chamados pretos velhos, que se manifestam no símbolo do velho. O velho representa a sabedoria. Então, são espíritos sábios.

“A maioria dos pretos velhos não têm a alma de anciões, mas se manifestam dessa forma. Todos os espíritos que atuam nessa psique passam por treinamento para que possam representar a falange da melhor maneira possível.

“Os afrodescendentes são a raça de maior longevidade. Então, os ‘anciões’ que incorporam são muito sábios, pois o simbolismo é esse.”

— Que interessante!

— Podemos explicar de forma bem simples que o jeito das entidades incorporarem são arquétipos. Assim, o caboclo é um arquétipo, o baiano é outro, o ancião é outro, o boiadeiro é outro, o guardião é outro e assim sucessivamente.

“Afirmo que a Umbanda é uma religião altamente simbólica, tanto na forma de se apresentar como nas manifestações, movimentos e posturas das entidades e nos elementos que usam.

“A Umbanda é uma religião altamente mística, nos mais variados sentidos, pela forma de se apresentar, por incorporar espíritos iluminados e por buscarem nela a iluminação. Quando isso acontece, entra em perfeita harmonia a expansão da consciência.

“Cada ser que se manifesta na Umbanda é um espírito e tem, por trás, um outro espírito, que é denominado chefe de falange espiritual, como estamos ensinando.

“São agrupamentos de espíritos. Eles se unem para realizar variado tipo de trabalhos, dependendo sempre da vertente a que pertence cada orixá.

“Podemos citar os caboclos, que realizam cura mental, um pouco de limpeza, energização etc.

“Cada caboclo, Exu, erê, baiano, boiadeiro, entre outros, que se manifesta na Umbanda pertence a um agrupamento de espíritos que realiza um tipo de trabalho e ajuda tanto encarnados como desencarnados nas seções mediúnicas.

“Existem, ainda, dentro dessas falanges, cargos mais altos e baixos, assim como seres mais evoluídos e menos, todos chefiados por um mentor espiritual ou por um orixá, realizando o mesmo tipo de trabalho que aprenderam a realizar no plano espiritual com o estudo. Assim, existem escolas espirituais para cada tipo de trabalho e cada falange tem um arquétipo e uma especialidade também. Essa que iremos visitar é mais uma escola.

"Aqui você vai poder saber um pouco mais sobre o planejamento espiritual que nos envolve."

— Mas por que eles estão vestidos assim?

— Porque estão em regime de internato.

— Internos?

— Sim. Mas, claro, por livre e espontânea vontade.

— O que fazem aqui?

— É o que iremos lhe mostrar.

Continuávamos nos aproximando do grupo.

— Por que se vestem com a mesma roupa?

— Para mostrar que somos todos iguais, por dentro e por fora — disse Ventania.

A cada passo que dávamos, minha curiosidade aumentava ainda mais. Como assim, um lugar de treinamento dos Exus? Qual o objetivo desse lugar?

Por fim, nos aproximamos do grupo que nos aguardava.

— Sejam bem-vindos, amigos! — disse um rapaz alto e magro.

— Olá! — disse Marabô.

— Está tudo pronto para o nosso encontro, senhor — assegurou o rapaz.

— Então, vamos em frente. Não podemos perder mais tempo.

— Vamos — disse o jovem, seguindo à nossa frente.

Os demais espíritos nada disseram. Apenas nos acompanharam até o final da estrada, que havia se transformado em uma larga avenida, onde pude ver um enorme prédio em forma de capela medieval.

Sobre as altas torres, eu pude ver algumas estátuas de figuras angelicais e outras de pássaros gigantes.

Olhei para o Ventania, que nada me disse naquele momento, embora tenha reparado em minha surpresa e curiosidade com tudo aquilo que estava acontecendo.

Em frente à capela, havia um senhor de cabelos e barbas brancas. Ele vestia uma roupa de cor branca que parecia ser aquelas usadas pelos padres católicos em festividades religiosas.

Não contive minha curiosidade. Eu me aproximei do Ventania e perguntei:

— Perdoe-me, Ventania, mas que roupa é essa que esse senhor está vestindo?

— Trata-se de uma batina ou, se preferir, uma sotaina. É uma roupa eclesiástica, própria dos seminaristas e clérigos, tais como diáconos, presbíteros, padres e bispos.

— Eu nunca poderia imaginar alguém vestido assim num lugar como este.

— A forma de se vestir está muito ligada à função de cada um de nós na vida espiritual.

— Perdoe-me novamente, mas qual o significado de tantos botões na roupa dele?

Eu havia reparado que a roupa tinha muitos botões, que desciam por todo o corpo daquele senhor.

— Esses botões representam a idade de Jesus e os cinco botões em cada punho representam as cinco chagas de Cristo.

Minha cabeça quase explodiu naquela hora. Como assim, vestes católicas no Reino de Exus?

Resolvi guardar minhas centenas de dúvidas e questionamentos para outra oportunidade, pois estávamos muito próximos ao senhor.

— Seja bem-vindo, Marabô! — disse o senhor, exaltando a presença do nosso amigo.

— Eu que fico feliz em poder revê-lo, mestre.

— Olá, Ventania! Como tem passado, meu nobre amigo?

— Eu estou muito bem, Rafael.

Fiquei muito surpreso... Rafael? Um nome jovem em um senhor idoso... Meu Deus...

— Quem é o amigo?

— É um escritor em desdobramento.

— Seja bem-vindo, amigo! — disse Rafael.

— Obrigado, senhor.

— Venham, vamos entrar.

Subimos alguns degraus que levavam àquela capela e adentramos o lugar.

O interior me surpreendeu muito, pois tratava-se de um lugar muito limpo, bonito e organizado.

Havia vários bancos arrumados. À frente, havia uma mesa, um púlpito e alguns auxiliares sentados, à espera do nosso grupo.

Entramos e nos sentamos em um banco lateral, donde podíamos ver e ouvir tudo o que iria acontecer ali.

Rafael se sentou à mesa principal. Eu, Ventania e Marabô nos sentamos sozinhos, como disse, na parte lateral.

Ouvimos um sino da capela tocar. Nesse momento, algumas portas laterais se abriram e eu pude ver vários espíritos adentrarem o lugar e se sentarem nos bancos à frente da mesa principal.

Havia espíritos de homens e mulheres de todas as idades.

Parecia que iríamos assistir a um culto, uma palestra ou, quem sabe, uma aula.

Minha visão era perfeita. Tudo estava muito nítido na minha frente.

Eu me encantei com tudo aquilo. Logo fiquei emocionado com a oportunidade de revelar algo que, tenho certeza, ninguém nunca revelou.

Eu estava no Reino de Exus, dentro de uma capela, ao lado de vários espíritos que percebi serem alunos do grande mestre Rafael.

Após os sinos tocarem e todo o ambiente ser completado pelos espíritos diversos, um grande incensário foi trazido e aceso.

A fumaça tomou todo o lugar.

Podíamos ouvir uma música suave sendo tocada em algum lugar que eu não podia ver, mas que ecoava naquele ambiente perfeito, onde a harmonia espiritual era magnífica.

Foi naquele momento que eu percebi que se iniciava um ritual.

Após um cântico entoado por todos os presentes, Rafael começou a falar.

— Meus nobres amigos e amigas, hoje finalizamos a parte teórica dos ensinamentos iniciáticos dos Exus.

"Todos estão aprovados. Aproveito para agradecer pela dedicação, empenho e entrega absoluta aos mistérios de Exus, os quais os qualificam para a próxima fase.

"Estamos no Universo há muito tempo, dedicando nosso trabalho ao equilíbrio necessário à encarnação de muitos irmãos que, através das provas terrenas, aperfeiçoam-se para seguirem seus processos particulares na evolução de todos.

"Quero dizer que estou satisfeito e feliz por termos terminado essa tarefa de forma tão satisfatória.

"Parabéns a todos vocês, que decidiram pela evolução.

"A presença dos amigos me lisonjeia e alegra meu coração."

Naquele momento, ele olhou para Ventania e Marabô.

Então, ele perguntou a todos os presentes:

— Como pensam os tolos?

O silêncio pairou sobre todo o ambiente.

Após alguns minutos sem ninguém ter respondido a pergunta, Rafael voltou a nos ensinar.

— Como ensinado, os tolos pensam com o imediatismo, enquanto os sábios esperam pelo tempo, senhor de todas as mazelas espirituais.

"Foram os tolos, os oportunistas e os malfazejos que permitiram que eguns e quiumbas tomassem a frente dos trabalhos benevolentes realizados por nós ao longo dos anos nos centros espíritas.

"Mas, para todo mal, há o bem em contrário para dizimar tudo o que a nós não pertence.

"Aqui lhes foram ensinados os mistérios de Exus.

"Somos os mensageiros, os senhores do caminho entre os planos espirituais e os únicos responsáveis pelos portais que separam as dimensões.

"Somos os representantes dos orixás e de suas energias equilibrantes das forças da natureza.

"Estamos em missão de igualdade entre todos e é nosso dever preservar e equilibrar tudo.

"Nada se faz sem a nossa supervisão e sem o nosso acompanhamento. Assim foi feito e assim é mantido, até que os tempos se modifiquem.

"Somos signatários das divindades espirituais, do equilíbrio que proporciona e permite a vida terrena.

"Sem nossa presença e companhia, nada se pode fazer.

"O culto ao nosso trabalho e às energias que dominamos é nossa tarefa enquanto Exus.

"As Leis Evolutivas são o que nos permitiu chegar a este dia, pois, sem o amor do Pai Maior, nenhum de nós teria esta oportunidade e certamente estaríamos ainda vagando pelos vales sombrios das regiões de sofrimento que circundam o planeta Terra.

"Todos vocês que estão aqui recebem hoje o passaporte para a próxima estação, onde poderão explorar os ensinamentos práticos e, através deles, exercer suas atividades evolutivas nos terreiros de Umbanda e nas demais denominações espíritas, além de cumprir as tarefas orientadas pelos Reinos dos Orixás.

"Hoje se inicia uma nova e longa caminhada para uns e apenas um atalho para outros. Tudo dependerá de como e de que forma vocês, meus irmãos, colocarão em prática tudo o que lhes foi ensinado durante os anos em que tive a oportunidade de orientá-los e guiá-los pelos ensinamentos teóricos sobre os Exus.

"Como todos sabem, nada se perde na Criação. Sendo assim, espero sinceramente que todos vocês coloquem em prática tudo aquilo que aqui lhes foi ensinado ao longo desse tempo.

"A visita do ilustre escritor é para levar nossa mensagem a todos aqueles que desejam absorver o que aqui estamos revelando.

"Tudo na encarnação é feito através das escolhas, e esperamos que o que revelamos hoje seja a escolha de muitos daqueles que se perderam nos labirintos da ignorância intelectual, valorizando o que não traz nenhum engrandecimento ao intelecto evolutivo, necessário a todos os espíritos.

"Se porventura esta mensagem não for compreendida como deve ser, é porque certamente aquele que desta leitura faz parte não acredita em nós e prefere viver o achismo ou aquilo que é pregado como sendo a verdade absoluta. Para esse, é nosso dever informar que a verdade absoluta não existe, pois a verdade absoluta pertence a Ele, e só Ele pode revelar.

"Nós, espíritos em evolução, estamos em busca da permissão divina para ascender aos planos superiores, que só poderão ser alcançados através da humildade e das transformações necessárias à perfeição espiritual.

"Ainda assim, espero que tenhamos sido úteis, pois, mais uma vez, estamos cumprindo nosso papel no todo.

"Somos os mensageiros...

"Ouçam esta mensagem."

Todos se levantaram e aplaudiram de pé o nobre instrutor Rafael.

Eu, Marabô e Ventania também nos colocamos de pé para aplaudir aquele espírito de tamanha grandeza e humildade que estava à nossa frente.

A alegria de estar presenciando tudo aquilo mexeu comigo e, por mais que tentasse, não consegui segurar algumas lágrimas, que molharam minha face naquele momento.

Após muitos aplausos e abraços, todos saíram da capela e se dirigiram a outro prédio, que ficava do outro lado da rua.

Olhei para tudo aquilo com um milhão de perguntas dentro de mim.

O que eu havia presenciado?

Eu precisava perguntar, mas me contive, à espera de uma oportunidade.

Após todos saírem, nos levantamos e nos dirigimos à mesa de Rafael, que se levantou e nos convidou para irmos com ele para outra sala.

— Vocês podem me acompanhar?

— Sim — dissemos.

Atrás daquela capela, havia um pequeno prédio com apenas duas salas. Foi em uma delas que entramos.

Na recepção desse pequeno prédio estava o mesmo rapaz que havia nos recebido na avenida que dava acesso ao Reino de Exus.

— Venham, entrem. Eu preparei tudo para vocês — disse ele, abrindo a porta que dava acesso à sala maior.

O espaçoso lugar era como um gabinete, com alguns quadros nas paredes e um lindo tapete que cobria quase toda a sala.

Havia uma mesa central e algumas cadeiras posicionadas à frente, onde nos sentamos para conversar.

— Querem algo? — perguntou o rapaz.

— Não — dissemos e nos sentamos.

Rafael se sentou à nossa frente.

— Como tem passado, Marabô?

— Cuidando de minha evolução e dos demais companheiros de falange.

— E você, escritor? Vejo que está ansioso.

— Estou é muito curioso com tudo o que acabei de presenciar, meu senhor.

— O que lhe mostramos é parte daquilo que fazemos aqui todos os dias. Aqueles irmãos que você pôde acompanhar sendo formados irão agora para o estudo prático do trabalho nas falanges de Exus espalhadas sobre todos os reinos.

"Que fique claro que a palavra reino é somente para designar um lugar diferente. Aqui não há reis nem, muito menos, majestades.

"Esse é um nome antigo, que preservamos em homenagem àqueles que criaram este lugar a muitos anos atrás."

— O que significa essa formatura, se assim posso dizer?

— Todas as falanges, sejam elas de Exus, caboclos, pretos velhos ou demais arquétipos, precisam de irmãos devotados ao trabalho caridoso nas regiões evolutivas.

"Quando chega à vida espiritual consciente de suas necessidades evolutivas, muitas vezes o espírito já não consegue ou não necessita expiar na matéria. Daí é que os superiores organizaram as falanges espirituais, ativas em todos os lugares. Assim, após criterioso processo, os espíritos são trazidos às escolas iniciáticas, onde, após muito estudo teórico e prático, são designados para os trabalhos nos planos terrenos.

"Todos merecem uma segunda oportunidade.

"O que você acabou de presenciar foi um pequeno grupo que terminou com louvores a parte teórica daquilo que precisa aprender para ser útil aos orixás."

— Quer dizer que, quando não há mais a possibilidade de um espírito purgar seus débitos na encarnação, ele pode trabalhar como um arquétipo nas falanges para reparar as faltas das encarnações anteriores?

— Exatamente. Mas não é simples como parece conseguir uma oportunidade por aqui.

— Por que não?

— Há de haver merecimento.

— Quer dizer que, se não puder mais reencarnar e tiver merecimento, eu posso ser um Exu?

— Pode treinar para se tornar um Exu.

— Osmar, preste atenção no que eu vou lhe dizer — disse Marabô.

— Sou seu lápis, meu amigo.

— Você acredita que todos os espíritos estão em evolução?

— Se não fosse assim, não faria sentido a existência de um espírito.

— Pois bem. Se todos os espíritos estão em evolução, você não acha que nós merecemos, após nossa evolução, pessoal e intransferível, adentrar planos superiores?

— É a lógica da evolução, eu acho.

— Explique...

— Eu acho que todos os espíritos estão em evolução e, à medida que evoluem, vão mudando de estação.

"Segundo os ensinamentos espíritas, quanto mais evoluído é um espírito, mais sutil ele se torna. Sendo assim, esse espírito passa a viver em regiões mais evoluídas, mais sutis. Estou certo?"

— Certíssimo — disse Rafael.

— À medida que o espírito evolui, ele agrega em si, além de sabedoria, um corpo mais sutil. Alguns até se tornam espíritos puros.

— Sim, essa é uma classificação dos espíritos.

— Você pode nos explicar, Osmar? — perguntou Ventania.

— Sim, claro que posso. Segundo Allan Kardec, há a primeira ordem dos espíritos, que é onde estão os espíritos puros, aqueles que chegaram à perfeição.

"A segunda ordem é a dos bons espíritos, aqueles nos quais o desejo do bem é predominante.

"Há, ainda, a terceira ordem, onde estão os espíritos imperfeitos, aqueles em que predomina a ignorância, o desejo do mal e todas as paixões más, que lhes retardam o progresso."

— Perfeito — disse Rafael.

— O que você acha que estou fazendo como Marabô, Osmar?

— Acredito que, além de ajudar muitas pessoas, você está buscando sua evolução pessoal. Afinal, você é um espírito como todos nós.

— Osmar, todos os espíritos que trabalham como Exus estão em evolução. Sendo assim, sempre estaremos precisando repor aqueles que alcançam a evolução e transcendem para outro plano espiritual.

— Meu Deus, como não havíamos pensado nisso? É claro, se trabalha como um Exu e evolui, você vai ser elevado e nós vamos precisar de outro espírito em seu lugar... Como somos imperfeitos!

— Agora você entende tudo o que acontece aqui?

— Entendo perfeitamente. Aqueles que eu vi sendo formados irão trabalhar no lugar dos Exus que evoluíram e seguiram seus processos evolutivos. Como não crer nisso?

— Por isso o convidamos a escrever *O Livro Proibido* — disse Ventania.

— Mas por que é proibido, se é lógico, cheio de ensinamentos e riquíssimo em evolução?

— Porque a maioria dos leitores deste livro estão na terceira ordem. São imperfeitos e maledicentes, se acham os donos da verdade e não querem ouvir o que não lhes agrada.

— Mas temos que levar esta mensagem para aqueles que desejam evoluir.

— É para isso este livro — disse Marabô. — Primeiro, para desmistificar Exu.

"Segundo, para alertar aqueles que ainda não compreendem os orixás e seus arquétipos.

"E terceiro, para alertar para o futuro espiritual, pois esse futuro não é uma utopia. O futuro espiritual é a realidade de todos.

"Haverá o amanhã, e todos aqueles que se relacionam conosco precisam ter essa preocupação.

"Deixem o animismo ou qualquer relação que não seja verdadeira de lado. Não percam seu tempo e suas oportunidades evolutivas seguindo orientações infundadas e sem amparo espiritual.

"Espíritos zombeteiros e levianos, vocês vão encontrar encarnados e, principalmente, desencarnados. Por esse motivo, devem sempre se manter em oração, para que esses infelizes irmãos não tenham acesso a vocês."

— Você poderia nos orientar sobre esses falsos médiuns?

— Há algumas formas simples de identificá-los.

— Você poderia nos dizer, Marabô?

— Sim, claro. Anote tudo.

— Como dito, sou seu lápis.

— Alguém que se apresenta como médium e surpreende pessoas na rua ou em qualquer outro espaço público não é um médium verdadeiro. Não dê atenção para esse tipo de conversa.

— Certo.

— Médiuns que dizem que a mediunidade ou a relação conosco é uma coisa muito misteriosa são, na verdade, embusteiros que buscam apenas explorar o seu medo, passando mensagens vagas e, em geral, pedindo mais dinheiro para passar a informação completa. Se você se consultou com um "sensitivo" assim, não volte.

— É muito comum nos centros espíritas.

— Médiuns que se denominam sensitivos e só predizem coisas negativas ou ruins não são médiuns verdadeiros. A mediunidade verdadeira é totalmente voltada para o bem e para os bons espíritos. Um médium que afirma que você é amaldiçoado ou que oferece um serviço para amaldiçoar e se vingar de alguém é, com certeza, um médium falso.

— Jesus...

— Médiuns que prometem resolver todos os seus problemas não são médiuns verdadeiros. Não há nada que possa mudar aquilo que você escolheu como prova evolutiva, além de não termos como modificar ou interferir no livre-arbítrio de nenhum espírito, esteja ele encarnado ou desencarnado.

— Anotado.

— Serviços além da consulta... Um médium falso sempre vai buscar tirar mais de você. Em geral, eles oferecem serviços além da sessão, como fazer orações extras por um período específico e acender uma vela, e, em casos ainda mais extremos, querem ser pagos por sua cura ou oferecem trabalhos de magia negra. Não se deixe levar por essas conversas malignas, pois você é o que carrega dentro de si.

"Crer que eu ou qualquer outro espírito vai resolver todos os seus problemas é uma tolice, pois tudo o que lhe é dado pelo mal, pelo mal lhe será cobrado. Portanto, não faça pactos com o desconhecido. Isso pode lhe custar muito caro quando chegar à vida espiritual."

— Então, quando devo usar o serviço de um médium?

— Se consultar com um médium é uma ótima maneira de obter orientação e esclarecimento de sensações ou eventos estranhos ou mal explicados do seu cotidiano. A consulta com um médium pode, por exemplo, explicar se determinado mal-estar sem motivo aparente é apenas um evento ocasional ou se está sendo provocado por influência de um espírito obsessor.

"Há muitos motivos para você procurar um médium, mas que não seja para aquilo que não lhe será útil espiritualmente ou que não o enriqueça de conhecimento sobre o que vai lhe acontecer após seu desencarne.

"Estamos no Universo para auxiliá-los a evoluir. Sempre que você se sentir vazio, sem propósito de vida ou evolutivo, procure um médium, pois os verdadeiros médiuns são pessoas felizes e estão sempre de braços abertos para socorrê-lo."

— Eu posso aproveitar para perguntar sobre banhos, oferendas, trabalhos e todas essas coisas comuns nos centros espíritas?

— Depois de tudo o que lhe mostramos, você acha mesmo que precisamos de alguma coisa desse gênero? — disse Rafael.

— Perdoem-me, meus amigos.

— Não tem que pedir desculpas. Tem que estudar.

— Eu posso lhe dizer o seguinte, Osmar: elementos da natureza agem sobre o que interage com a natureza. Por exemplo, um bom e longo banho de mar causa um cansaço inexplicável, não é?

— Sim. Quando vou à praia e fico muito tempo em contato com as águas do mar, me sinto cansado, mas não é um cansaço com se tivesse feito um trabalho bruto. É um cansaço bom…

— O mar é um portal energético de equilíbrio. Assim, quando vocês entram em contato com essa energia, o mar acaba por limpar seus corpos espirituais de miasmas adquiridos por diversas energias deletérias.

“Sendo assim, meu amigo, há muitas formas de se encontrar o equilíbrio energético e espiritual em determinados locais no plano físico.

“Mas isso não deve ser usado indiscriminadamente, pois tudo em excesso acaba por fazer mal aos seus corpos protetivos.”

— Quer dizer que algumas coisas que usamos normalmente nos rituais funcionam?

— Tudo é energia — disse Ventania.

— Acredito que tenha enriquecido este livro — disse Rafael, colocando-se de pé. Imediatamente, também nos levantamos. — Amigo Marabô, parabéns pelo trabalho e dedicação à causa espírita.

— Eu é que agradeço, mestre.

— Agora precisamos ir — disse Ventania.

Nós abraçamos Rafael e nos despedimos.

Para mim, foi mais um dia inesquecível no exercício de minha mediunidade.

Precisamos prestar muita atenção nesses ensinamentos para não sermos vítimas desses algozes da fé alheia.

“

HÁ MUITOS MISTÉRIOS
ENTRE OS PLANOS ESPIRITUAIS.

”

Rafael

O animismo

Estávamos eu, Ventania e Marabô mais uma vez reunidos para darmos prosseguimento ao livro. Foi quando eu perguntei a eles sobre o animismo.

— Marabô, eu ouvi você falar muito sobre o animismo e gostaria de saber de você, ou do Ventania, o que tem a nos dizer sobre esse fenômeno. O que é animismo? Você pode nos explicar por que isso é tão importante para vocês?

— Sim, claro que sim. Você não quer me ajudar, Ventania?

— Eu já falei um pouco sobre animismo com o Osmar. Ele já sabe bastante, mas acho muito interessante que um Exu fale mais sobre o animismo.

— Eu também — disse.

Eu desejava ardentemente que Marabô nos falasse qual a sua opinião.

— Então, vamos ao assunto. Faça a sua pergunta, Osmar.

— O que é animismo, Marabô?

— Animismo é o ato de animar, de dar alma a algo, e é muito comum nos centros espíritas em geral. O grande problema, Osmar, está na mistificação. É aí que estão, infelizmente, a maioria das exteriorizações mediúnicas.

"Devido à grande imperfeição moral da maioria dos médiuns, o fenômeno anímico é invadido pela mistificação, dando lastro a quase tudo o que vocês conhecem de ritualístico. Nunca pedimos sacrifício, seja ele qual for... Nunca pedimos oferendas, obrigações e ofertas. Somos espíritos que já atingiram um certo grau evolutivo. Nada disso é necessário para estreitar a relação entre nós. Para que vocês consigam algo de que necessitam, basta pedirem com fé e terem merecimento. Tudo é merecimento...

"Estamos onde estamos porque, através de milhares de expiações na carne e em outros planos, atingimos parte da perfeição solicitada pelo Criador de todas as coisas... Somos espíritos milenares. Estamos no Universo há muito tempo, tempo esse que, se tentasse dizer, certamente não seria possível para a sua compreensão.

"Como lhe disse nesta obra, somos divindades, e uma divindade não precisa de muita coisa para amparar, auxiliar, orientar e amar...

"Não existe moeda de troca entre o que você precisa e o que eu tenho para lhe oferecer.

"Eu não posso interferir em seu livre-arbítrio, assim como você não consegue se conectar a mim sem a existência da fé.

"Se precisa de algo, busque no Universo, que ele lhe dará.

"Tudo o que você precisa para a sua experiência terrena está disponível nos fluidos terrenos, à disposição de toda a Criação.

"Conecte-se ao fluido cósmico universal e extraia dele o que você precisa para viver e ser feliz."

— Eu creio muito nisso, pois, sempre que preciso de algo, me conecto através de oração e pensamento e logo acontece o que preciso.

— Tudo o que os espíritos precisam, está criado... Não há mais o que ser criado para a felicidade plena dos Seus filhos.

— Eu creio muito nisso, Marabô. Acho, inclusive, que os olhos não precisam ver o que o coração deseja e que boa parte das manifestações são exteriorizadas simplesmente para ganhar crédito nas informações que chegam através de vocês.

"Eu ouço os espíritos. Eu estou aqui, agora, escrevendo tudo o que você está me dizendo. Não preciso incorporá-lo para dar credibilidade a esta escrita."

— Osmar, a maioria dos rituais, sejam eles iniciáticos ou sacerdotais, foram implementados através do animismo, pois o homem precisa ver para crer. Nós nem sequer participamos desses eventos. Nós não precisamos de nenhuma exteriorização anímica para nos aproximarmos de vocês, embora o ato incorporativo sempre comece pelo animismo, porque é ele que dá vida à comunicação espiritual.

— Nossa, eu precisava escrever isso.

— Muitas vezes, o médium está sob a influência anímica do espírito comunicante, mas, como disse, devido à imperfeição moral do médium, o que se vê é um amontoado de equívocos quanto a nós, os Exus.

"Não somos diabos nem, muito menos, satanases. Nós não compactuamos com nada que seja ruim. Não divulgamos coisas ruins. Não cobramos nada de nossos médiuns. Não estamos no Universo para impor nada. Não administramos nenhum inferno, como muitos dizem. Não vivemos em regiões escuras que estão em chamas etc.

"Somos cocriadores com nosso Pai. Estamos no todo, e o todo está em nós. Somos do tempo em que o tempo não existia. Não existia dia nem noite. Não havia o claro e o escuro. Não havia uma só alma expiando sobre o orbe terreno. Nesse tempo, fomos convidados pela Criação para ser os mensageiros entre os planos espirituais, além de proteger e dar segurança ao trabalho sério de outros irmãos.

"Parece repetitivo o que estou falando, mas acho, sinceramente, que precisaremos repetir alguns ensinamentos nesta obra para que vocês fiquem conscientes do que devem fazer para se aproximarem de nós e, principalmente, do divino."

— Vamos repetir quantas vezes forem necessárias — disse Ventania.

— Eu não me incomodo com a repetição. Acho que precisamos mesmo.

— É bom que todos prestem muita atenção às lindas palavras deste livro — disse Marabô.

— Mas o que é o animismo em si, Marabô? Fale-nos mais sobre isso, por favor.

— O animismo corresponde, seguramente, a mais de 90% das incorporações mediúnicas existentes sobre o orbe terreno nos dias de hoje.

"Somente 10% das manifestações mediúnicas são comunicações diretas dos espíritos. Nenhum médium fica totalmente inconsciente, pois nós não conseguimos adentrar totalmente o corpo físico do médium.

"A incorporação é uma aproximação, onde os dois espíritos se utilizam do mesmo aparelho carnal para exteriorizar algo. O que o médium precisa fazer é expandir seu perispírito para que possamos nos aproximar ao máximo e nos comunicar de forma satisfatória. Sendo assim, todos os médiuns participam diretamente do fenômeno.

"Para que a comunicação seja perfeita, para que possamos nos expressar integralmente, o médium precisa afastar-se mentalmente do ato incorporativo, além de nos dar permissão para a comunicação.

"Só médiuns moralmente elevados conseguem esse feito."

— Meu Deus!

— Ele mesmo foi e é quem permite que esse fenômeno aconteça. Esse fenômeno está dentro das Leis Naturais, que regem seu planeta e todas as dimensões espirituais existentes.

— Quer dizer que todos os médiuns participam da manifestação das entidades?

— De nós e de todos os outros espíritos que se utilizam do aparelho fônico e do corpo físico do encarnado para se expressar. É uma interação que só é fiel a nossos propósitos quando o médium é de moral elevada. Caso contrário, o pseudomédium participa integralmente da comunicação e, muitas vezes, nós nos afastamos, deixando o infeliz agir sozinho.

— Isso não mancha a imagem de vocês?

— Muito.

— E vocês não fazem nada?

— Não fazemos o mal, lembra? O que acontece, e é mais comum do que você imagina, é que bons médiuns se perdem nos labirintos do ego, da vaidade e da ganância. Quando você quiser saber quem realmente é uma pessoa, dê a ela três coisas.

— Quando eu escrevi o livro *Guardião Exu*, Lonan me falou sobre isso.

— Acha que vale a pena continuarmos?

— Sim, claro que sim.

— Então, continuemos nosso ensinamento. Dê a uma pessoa três coisas e você poderá conhecê-la integralmente.

— Quais são, Marabô?

— Prestígio, fama e dinheiro. Logo você vai se alegrar ou se decepcionar profundamente com essa pessoa. Infelizmente, a maioria não passa por esse teste.

"E, quando isso acontece, nos afastamos e vamos à procura de outro médium, que resista a tudo isso, seja um verdadeiro portador de nossas mensagens e nos permita as comunicações."

— Infelizmente, acho que vocês não estão encontrando muita gente para ajudá-los nessa missão.

— Verdade. Mas, se Jesus não desistiu de nós, por que desistiremos de vocês? Temos hoje uma ferramenta que muito nos tem ajudado, Osmar.

— Qual?

— Os médiuns psicógrafos.

— Obrigado.

— De nada. O animismo é uma mistura de duas energias, meu amigo, a sua e a minha. Uma combinação perfeita dessas energias traz um resultado muito positivo nas casas espíritas. É essa energia que trabalha para o bem comum, para o equilíbrio, para que as mensagens dos orixás cheguem até vocês, promovendo assim o equilíbrio terreno necessário à vida feliz em seu planeta.

— Desde que comecei meu trabalho de psicofonia, Marabô, eu sempre me coloco à distância do meu mentor, seja qual for o espírito comunicante. Eu penso que esse assunto não é meu. E, se não é meu, afasto a minha consciência e não quero nem saber o que está acontecendo. Eu confio muito em meus mentores.

— Continue assim e você os terá por perto por muito tempo.

— Muitas pessoas já me perguntaram se sou consciente ou inconsciente. Eu sempre respondo que estou consciente, mas que parece que sou inconsciente, porque, todas as vezes que me entrego à incorporação, me distancio de mim mesmo, permitindo assim uma incorporação quase perfeita. Não sei explicar como se faz isso. Simplesmente acontece. Acho que são vocês que forçam esse afastamento… Isso acontece mesmo?

— Sim, nós intuímos o médium a se afastar para que possamos nos comunicar. Como lhe disse, infelizmente, o que mais acontece é que a vaidade, o ego e a luxúria trazem o médium para perto do aparelho, e isso nos afasta. Muitas vezes, o médium faz isso porque se sente dono de nós e não quer que outras pessoas usufruam dos momentos em que estamos incorporados, falando, ensinando, educando e mostrando outras coisas além daquelas que seus olhos estão acostumados a ver.

"Outras vezes, o médium se sente importante e não quer que falemos alguma coisa para alguém. Assim, ele invade nosso espaço, nos afastando da incorporação.

"Por isso, vocês nunca devem usar da incorporação para atender pessoas que vocês conhecem bem e, principalmente, seus familiares.

“Toda vez que você atender conosco algum parente, sua esposa, seu filho ou amigos íntimos, será tentado a nos afastar e fazer o nosso serviço.”

— Casa de ferreiro, espeto de pau, Osmar — disse Ventania, que assistia a tudo.

— É verdade, meu amigo.

— O que vocês precisam saber é que esse processo de ajuste e afastamento é um processo natural das duas energias atuantes. Uma energia não toma totalmente o lugar de outra. Dois corpos não habitam o mesmo espaço.

— Isso é física.

— É a Lei.

— Engraçado... Conversando e aprendendo com você sobre isso, eu me lembrei das minhas incorporações. Sabe, Marabô, eu vejo o que o meu mentor faz, ouço o que ele está dizendo e participo efetivamente de tudo, mas o mais engraçado disso tudo é que, quando ele vai embora, as conversas se misturam. O que ele falou com uma pessoa me parece que ele conversou com outra... Os assuntos se misturam e eu fico perdido, sem entender nada. Por que vocês fazem isso?

— Porque não lhe interessa o que conversamos com as pessoas. Você não tem o direito de saber o que foi conversado. Você é um voluntário do amor... Muitas das comunicações se perdem exatamente nesse momento, quando o médium curioso quer participar e saber da nossa comunicação. Daí a incorporação deixa de ser nossa e passa a ser do médium, tornando-se uma comunicação anímica.

— É verdade. E como resolver isso?

— Procurando médiuns sérios.

— Vocês fazem isso?

— Osmar, me deixe ensinar uma coisa para você. Preste atenção.

— Sim, pois não.

— Há um ensinamento bíblico que deve ser observado por todos os envolvidos com os espíritos.

— Qual?

— Você pode me ajudar, Ventania?

— Sim, claro, meu amigo — disse Ventania, que estava calado ao nosso lado todo esse tempo, ouvindo os ensinamentos de Marabô. — Osmar, uma árvore boa não dá frutos maus e uma árvore má não dá bons frutos. Porquanto, cada árvore se conhece pelo seu fruto. Não se colhem figos dos espinheiros, nem se apanham uvas dos abrolhos.

— O que vocês querem dizer com isso?

— Olhe toda a história do centro espírita. Olhe a moral dos médiuns comunicantes. Se a casa espírita é abençoada, não para de crescer, é séria e bem dirigida e tem a moral ilibada, ali estamos — disse Marabô.

— Fica a dica para quem está lendo este livro.

— Centro espírita é perfume, Osmar. Se for bom, fique e sinta o cheiro — disse Ventania.

— Eu sempre digo isso para as pessoas, meu amigo. Se o cheiro é bom e convidativo, fique...

— Osmar, o mau médium, sabendo dos trejeitos do guia, tendo consciência do jeito que a entidade fala e se comporta, acaba deixando de lado o trabalho sério e torna-se o anímico daquela comunicação.

"O que vocês têm que aprender é que ser médium não é nenhum privilégio. Toda vez que fingir que sou eu, você se afastará de mim e, fazendo isso, acabará sozinho, não só sem a minha presença, mas de todos os espíritos que poderiam estar utilizando-o para a prática do bem e do amor ao próximo.

"Vocês precisam ter mais paciência. Essa interação se aperfeiçoa com o tempo. Não adianta fingir que sou eu para ganhar prestígio. Não adianta imitar um espírito, porque os espíritos são diferentes.

"Ser médium é reconhecer-se como instrumento de luz. E, sendo instrumento de luz, deixe que o usem para tocar a mais linda melodia, deixe que os espíritos assumam o controle anímico da situação para, assim, trazer como resultado o amor.

"E só o amor é capaz de tornar o animismo algo bem positivo.

"Tem de haver humildade, simplicidade, união de ideias e ideais e trabalho ao próximo. Vocês precisam, principalmente, nos permitir trabalhar para cumprirmos nossos objetivos.

"Vocês precisam de condução para evoluírem...

"Vocês ainda são muito imperfeitos. Não conseguirão atingir a perfeição se não houver ajuda.

"Parem de colocar algo a mais nas incorporações...

"Sejam pacientes. Esperem, que nós os conduziremos para o que necessitamos e desejamos...

"Sejam médiuns. Sejam medianeiros, e não os senhores das comunicações...

"Vocês estão destruindo o trabalho antigo colocado no Universo por nós.

"Para que tudo aconteça perfeitamente, basta que o médium se entregue totalmente a nós e se afaste nos momentos da incorporação.

"Temos a capacidade moral e intelectual para estar nos planos físicos, nas casas espíritas. Não precisamos de rituais. Precisamos de seriedade e amor.

"Não precisamos de roupas especiais. Precisamos da roupagem humana para nos comunicarmos.

"Não precisamos de cargos, pois o maior cargo já tem o Criador.

"Tenham coragem para questionar seus dirigentes espirituais. Briguem, conversem e entendam o que vocês estão fazendo. O erro de um pode destruir a boa vontade e o amor do outro.

"Parem de mistificar incorporações importantes.

"Quem não sabe, nada tem a ensinar...

"Quem está perdido acaba levando pessoas boas a se perderem.

"Pessoas despreparadas nos imitam, promovendo supostas incorporações, a fim de mostrar seu mau-caratismo, a fim de arrumar dinheiro e fama... Isso vai lhes fazer mal em algum momento de sua existência...

"Lembrem-se de que todos vocês vão desencarnar e terão que ajustar as contas da vida terrena.

"Colhe-se aqui tudo o que se faz aí...

"Tenham mais consideração e respeito com as divindades, com os trabalhadores espirituais.

"Sejam honestos consigo mesmos. A vida não termina com a morte.

"Aqui todos serão responsabilizados por seus atos na vida terrena. Acreditem nisso.

"Parem de pregar que acreditam na vida após a morte e agir como se ela não existisse.

"O que, infelizmente, mais se vê nos centros espíritas são espíritas que não acreditam em espíritos. São pessoas que fingem ver, sentir c incorporar espíritos, mas se esquecem de que, um dia, a conta lhes será cobrada.

"Não existe uma religião completa, porque tentamos completá-la, mas a imperfeição dos médiuns envolvidos atrasou o que, em breve, irá acontecer."

— O que irá acontecer, Marabô?

— A fusão de todas as religiões, como você já sabe. E, nesse dia, vocês poderão ver que todas as suas lágrimas e arrependimentos não serão suficientes para reparar os erros e as falhas cometidas durante a encarnação. Mediunidade é coisa muito séria, e seriamente deve ser exercida e trabalhada.

— Sim, eu concordo plenamente com você. Todos precisam se preparar para a nova era, além, é claro, de respeitar o dom mediúnico.

"Eu posso lhe dizer seguramente que a maioria das pessoas envolvidas com a Espiritualidade não acreditam em espíritos, pois, se acreditassem, não deixariam chegar onde estamos.

"Tenho pena desses falsos médiuns, falsos dirigentes e enganadores da fé alheia."

— Todos terão que ajustar suas contas, Osmar.

— A nova era bate à porta.

— Isso mesmo. Dentro de pouco tempo, não haverá mais religiões, e sim a religião unificada.

— Falta muito para isso?

— O que é muito para um espírito eterno?

— Nada.

— É esse o tempo que falta...

— Eu vou lhe dizer uma coisa, se me permitir.

— Estamos em comunhão espiritual. Pode dizer...

— Desde que o Caboclo Ventania incorporou pela primeira vez em mim, eu me afasto dele na incorporação, permitindo que seja ele mesmo o espírito comunicante. Eu me recolho a um lugar que se parece muito com a Colônia Amor e Caridade no momento da incorporação. Engraçado é que sou médium há mais de 40 anos e sempre vou para o mesmo lugar. Você sabe me explicar por que isso acontece?

— É o lugar que você escolheu para não atrapalhar as comunicações feitas através de você. É o seu cantinho da concentração. Todos deveriam ter um cantinho da concentração. Isso é muito útil para nós.

— Sempre que volto, após um trabalho mediúnico de psicofonia, esqueço tudo o que aconteceu durante os atendimentos. Eu sei que eles aconteceram, mas, como disse, não sei o que foi conversado. As conversas ficam embaralhadas.

— Isso é seu mentor quem faz. Ele tem tanto domínio sobre o processo anímico que consegue fazer com que você participe o mínimo possível durante o transe. Isso é o ideal para nós.

— Você não consegue fazer isso com seus médiuns?

— Eu não posso mudar você, se você não quiser e não me permitir. Nenhum espírito tem total domínio sobre outro sem a permissão e a vontade dele.

— Isso quer dizer que Exus e entidades não impõem sua vontade sobre seu médium?

— Sobre nenhum médium. Qual foi a parte que você não entendeu sobre sermos divindades?

— Perdoe-me.

— Não, não é questão de perdão, e sim de entendimento. Orixá, Osmar, é **divindade**. Você sabe o significado de divindade?

— Um deus?

— Osmar, tudo que tem característica ou estado de divino, de sagrado, tudo que provém de Deus, isso é divindade. Portanto, nós somos divinos porque viemos de Deus, fomos criados por Deus... Sabia que você é um ser divino?

— Sim, se procedo de Deus, certamente sou uma criatura divina.

— Todos somos divinos. O que nos difere neste momento é que eu já alcancei a divindade. Muitos espíritos já alcançaram a divindade e estão no Universo auxiliando os nossos irmãos ainda ignorantes a se reconhecerem como espíritos divinos. Nós os orientamos a promoverem as modificações que já alcançamos para nos tornarmos divinos. Assim, não precisamos de nenhuma oferta. Não precisamos de sacrifícios nem, muito menos, daqueles que sacrificam vidas, sejam elas quais forem. Tudo o que vocês chamam de rituais e sacrifícios é animismo. Você compreende?

— Sim, é de dentro de nós que sai tudo isso. É nossa necessidade de ver para crer. É nossa imperfeição se exteriorizando em todos os lugares. São nossas memórias boas e ruins se expressando.

— Exatamente isso, meu jovem. Isso mesmo. O animismo é você fazendo coisas que precisa para acreditar em você mesmo, para que o seu lado negro tome forma e se sobressaia sobre outros irmãos.

"Assim, tudo está confuso, perdido, mal orientado, desenganado. Nós não temos mais o que dizer...

"Precisamos agir e mostrar para todos vocês que é o estudo, as modificações interiores e a busca pelo intelecto espiritual que vão aproximá-los de nós.

"Para estar em contato conosco, vocês não precisam de rituais, oferendas, matanças, ofertas, velas, incensos nem nada tão costumeiro nos dias atuais. Para estar em contato conosco, modifiquem-se, amem, construam pontes entre seus nobres sentimentos, amparem, auxiliem e amem incondicionalmente. Fazendo isso, vocês nos atraem. E tenham certeza de que não há companhia melhor para a expiação na carne.

"Lembrem-se: nós somos espíritos; somos os mensageiros... Tudo o que chega até você passa por mim ou é permitido por mim e pelos orixás...

"Tudo o que entra e sai de seu plano passa por nós...

"Eu sou Exu. Eu sou luz, e não escuridão...

"Para finalizar, saibam que estamos em planos espirituais e vibratórios diferentes e que até um obsessor, para atuar em sua vida, precisa de nossa permissão ou de nossa omissão. Ele precisa passar por nossos caminhos. Então, se vocês estão sofrendo uma obsessão, é porque estão muito distantes de nós e estão em sintonia com toda espécie de maldade existente na raça humana.

"Nada acontece sem que Exu saiba...

"Nada acontece sem que Exu permita...

"Nenhuma mensagem chega até vocês sem que nós, os Exus, a levemos.

"Estamos há muito tempo no Universo. Somos os senhores da informação, da notícia, da mensagem, dos caminhos e do tempo."

— Nossa, que aula, Marabô! Que aula! Obrigado por tudo isso…

— Nós é que lhe agradecemos por esta oportunidade de levar a muitas pessoas esses esclarecimentos. Vocês precisam se esclarecer. Precisam evoluir para entender que a Criação é a fonte de amor e que o amor é o que vai nos levar ao seio do nosso Pai.

"Vocês vivem na materialidade. Acham que, comprando isso ou aquilo e nos doando isso ou aquilo, nos farão resolver todos os seus problemas.

"Nós não temos permissão para interferir nas colheitas. Se você tem problemas, mude o caminho, mude o plantio. Se está infeliz, é porque não tem coragem suficiente para mudar. Você é livre… Lembre-se sempre disso."

— Eu não tenho nada a reclamar desta vida, meu amigo. Colho algumas tristezas e decepções, mas acho que isso é do meu processo evolutivo. Se até hoje ainda há pessoas que não acreditam e não gostam d'Ele, que aqui esteve, o que dizer de um pobre espírito como eu…

— Reconheça-se como espírito eterno que expia para ser melhor e todos os seus dramas serão meros acontecimentos evolutivos.

— Certamente, é isso que temos que fazer.

— Eu vou pedir ao Ventania que o deixe alguns dias ao meu lado. Eu quero lhe mostrar como trabalhamos e o que fazemos. Pode ser, Ventania?

— Ele é quem decide, meu amigo.

— Eu?

— Sim, como dito, é livre.

— Pode contar comigo, Marabô. Estarei ao seu lado o tempo necessário, o tempo que quiser.

— Encerramos aqui, por hora, nosso encontro. Em breve, eu o procurarei e você poderá me acompanhar naquilo que Exu faz na Terra.

— Será uma honra e um prazer.

— Agora volte à sua vida. Em breve, nos encontraremos.

Naquele momento, Ventania se levantou.

Nós nos pusemos de pé, cumprimentamos o nobre Marabô e saímos.

Voltei para a minha humilde vida mediúnica certo de que temos muito a aprender com Marabô nas próximas linhas desta psicografia.

Eu estava muito feliz e impressionado com tudo o que acabara de ouvir e escrever.

Que sabedoria…

Que aula…

Só não aprenderemos se não formos capazes de compreender que, ao chegarmos à vida espiritual, precisamos continuar nosso processo evolutivo. Assim, esses amigos que agora escrevem comigo têm um só objetivo: nos ajudar a sermos melhores…

"

A VIDA COMEÇA QUANDO
NOS SENTIMOS COMO OS
ESPÍRITOS ETERNOS QUE SOMOS.

"

Osmar Barbosa

A Umbanda

Após sair do Reino de Exus, voltamos a caminhar na mesma estrada que havia nos levado àquele lindo lugar.

— O que faremos agora, meus amigos?

— Agora estou desejoso de conversar um pouco mais com você sobre a religião de Umbanda.

— Que bom! Sempre quis saber mais sobre minha querida Umbanda.

— Seria muito bom se todos os que se denominam umbandistas estudassem mais sobre a origem e as transformações que essa religião, ou culto, como desejar, vem sofrendo ao longo dos anos.

— Perdoe-me, Marabô, mas o que sei sobre a Umbanda é a partir das informações sobre a nova religião que foi trazida através do médium Zélio Fernandino de Moraes.

— A relação mediúnica conosco sempre existiu. Não foi o Zélio quem criou a Umbanda. Ela sempre existiu.

— Antes do Zélio, vocês já se manifestavam?

— Antes até da primeira alma encarnar nesse plano, já nos manifestávamos. E estamos até hoje guardando, protegendo e cuidando para que tudo se cumpra seguindo a Lei Natural, que rege todas as coisas.

— Você pode me contar um pouco sobre esse tempo?

— Essa é minha intenção.

— Sou seu lápis.

— Para começar nossa conversa, é muito importante que todos saibam que a religião de Umbanda foi organizada por Zélio Fernandino de Moraes. Ele foi quem reuniu rituais africanos e católicos ao Espiritismo Kardecista, sob forte influência do Caboclo das Sete Encruzilhadas.

"A Umbanda tem como princípios a crença em um Deus único, nos orixás e em entidades espirituais bem como a prática da caridade, fraternidade e igualdade.

"O que todos vocês deveriam ter aprendido é que nós, os arquétipos, não somos os senhores das decisões sobre tudo o que os envolve. Tudo parte de Oxalá e dos orixás. Nós simplesmente cumprimos ordens.

"Não fique achando que eu ou qualquer arquétipo somos capazes de resolver suas questões."

— Então, como fazem quando um pedido é direcionado a vocês?

— Levamos seu pedido ao orixá que representa sua necessidade. Assim, se houver permissão, agimos.

— Como assim, orixá que representa a necessidade?

— Se você me pede algo relacionado à justiça, eu direciono o seu pedido a Xangô. Se pede algo sobre conhecimento, direciono a Oxóssi; fertilidade, a Oxum; saúde, a Obaluaiê. Para cada problema ou questão, há um orixá específico, porque assim foi determinado pelo Criador, e assim o é.

— Que legal! E o que nos faz conseguir as permissões para que vocês possam nos ajudar?

— Merecimento.

— Tudo é merecimento?

— Quase tudo.

— O que não seria merecimento? Você pode nos dar um exemplo?

— A injustiça é uma das coisas que, mesmo sem permissão, podemos atuar para ajudar a resolver.

— Perdoe-me, mas como?

— Vou lhe dar um exemplo.

— Pois não.

— Se algum espírito decide ou é pago para persegui-lo, eu posso interferir sem autorização dos orixás.

— Peraí, quer dizer que se pode pagar espíritos para fazerem o mal?

— O mal e o bem sempre estiveram entre os espíritos. Há infelizes irmãos que tendem pelo mal e, por migalhas, vivem por aí fazendo mal às pessoas. São quiumbas, eguns, malfazejos e outros, que combatemos sem consultar os superiores.

— Por que um espírito conscientizado decide fazer o mal?

— O livre-arbítrio. Contra esse, nada podemos fazer.

— E como vocês agem para ajudar alguém que está sofrendo por magia ou perseguição?

— Nossa presença é o suficiente para que esses infelizes se afastem. Não nos confunda com espíritos do mal. Somos Exus, e não demônios, satanases etc.

"Quanto à magia, por vezes, precisamos da alquimia de elementos espirituais e terrenos para desintegrar a energia criada por um malfazejo, por exemplo."

— Nossa, como é importante o trabalho de vocês para o equilíbrio!

— Estamos evoluindo graças às oportunidades que temos em poder ajudar.

— Acho que todos que estão lendo este livro já compreenderam isso.

— Esperamos que sim.

— Então, vamos recapitular.

— Sim.

— O mal existe?

— Sim.

— Determinados espíritos, devido às suas imperfeições, aceitam oferendas para fazer mal a alguém. É isso?

— Sim.

— Perdoe-me, Marabô, mas e as oferendas aos orixás e espíritos como você? Para que servem?

— Recebemos como presentes, por gratidão, ou quando necessitamos de elementos do seu plano para, através da alquimia, desarmar algo que está fazendo muito mal a alguém, como disse anteriormente.

— Quer dizer que vocês aceitam oferendas, mas elas não são comida para vocês, como achamos? Na verdade, são uma combinação de energias do nosso plano necessárias para que vocês, através do conhecimento que têm, possam nos ajudar no plano físico? É isso?

— Quase isso.

— O que tem mais em uma oferenda?

— A fé depositada nela. Sem fé, nada se realiza. Há de ter o desejo de que tudo corra dentro do solicitado.

— Então, podemos lhes oferendar?

— Quem não gosta de ganhar um presente?

— E vocês usam esses elementos materiais?

— Como lhe disse, usamos para proteger, guardar, afastar energias deletérias, curar, iluminar, amparar, afastar obsessores e muito mais. É muito importante o que vou lhe ensinar agora.

— Sou todo ouvidos.

— Você conhece a passagem em que Jesus cura um cego?

— Sim, conheço.

— Por favor, me conte como aconteceu.

— Resumidamente ou por completo?

— Resuma.

— Bem, no Evangelho de João, encontramos a narrativa da cura do cego de nascença. Jesus cospe na terra, faz uma lama com saliva, unta com essa lama os olhos do cego e manda que ele lave os olhos na piscina de Siloé.

— E o que acontece?

— Ele, seguindo a orientação de Jesus, vai até a piscina, lava os olhos e volta a enxergar.

— O que Jesus fez?

— Mais um milagre.

— Além do poder espiritual de Jesus, Ele necessitou juntar elementos terrenos para realizar a cura, não foi?

— Sim, ele misturou sua saliva com o barro e untou os olhos do cego.

— Acho que não restará mais nenhuma dúvida de como usamos os elementos depositados em uma oferenda.

— Entendi perfeitamente.

— Assim trabalhamos em todas as linhas ao lado dos orixás.

"Jesus não precisava do barro para operar o milagre. Ele o fez justamente para mostrar os poderes dos elementos terrenos aliados ao poder espiritual. Essa é a alquimia muito comum em nosso trabalho. Sempre que necessitamos desses elementos para realizar nosso trabalho, intuímos o sacerdote ou a sacerdotisa a disponibilizá-los para que possamos utilizá-los.

"No que discordamos da maioria dos sacerdotes e sacerdotisas, é na cobrança de dinheiro ou outras coisas pelo dom divino que receberam de nos representar no plano físico.

"Isso é o que nos afasta de todas as casas espíritas que se valem de nossa alquimia para desmoralizarem nosso trabalho."

— E, quando vocês não participam disso e os trabalhos dão resultado, quem os faz?

— Quiumbas.

— Quem são os quiumbas?

— São eguns em treinamento.

— Meu Deus!

— Sabemos que é difícil para vocês essa compreensão, mas, infelizmente, é isso que acontece na maioria das casas espíritas na atualidade.

"Mas estamos organizados e vamos conseguir reverter tudo o que acontece nos dias de hoje."

— Ao ver e ouvir tudo isso de vocês, creio sinceramente que precisamos salvar o Espiritismo.

— Ele vai ser salvo. Mas, para que haja uma transformação, é necessário que haja uma tempestade.

— É nela que estamos, não é?

— Sim. O momento é delicado e precisa de atenção.

— Acho que tudo o que está acontecendo no Espiritismo é reflexo de nossa imperfeição.

— E também dos espíritos que encarnaram e estão encarnando.

— Verdade. Parece que o mundo está ficando pior.

— Os umbrais estão sendo esvaziados. Bilhões de espíritos encarnaram e estão encarnando no orbe terreno. Obviamente, seu plano está refletindo a moralidade dos espíritos que aí chegam.

— Estamos ferrados.

— Não, não pense assim. Agradeça pela oportunidade que esses infelizes irmãos estão tendo. Lembre-se de que todos são filhos do mesmo Criador e merecem, sempre que possível, uma nova oportunidade evolutiva.

— Sim, temos que ser mais compreensivos.

— Tudo segue o roteiro da Criação. Creia.

— Eu creio.

— O que você sabe sobre a Umbanda antes da Umbanda?

— Existiu Umbanda antes da Umbanda?

— É sobre isso que quero falar. Na verdade, a palavra “umbanda” é recente. Surgiu depois de Zélio. Mas eu acredito ser de grande valia que os umbandistas saibam que a relação entre nós e vocês é bem antiga.

— Quando ela começou?

— Já lhe falei que antes da vida...

— Sim, mas os rituais, as incorporações... É sobre isso que gostaria de saber.

— Que vocês tenham registro histórico à sua disposição, posso falar sobre José Cabinda, que foi um líder de escravos rebelados e incorporava Pai Gavião, um preto velho astuto que deu as primeiras orientações sobre os rituais e reunia um grande número de escravos e negros libertos. Foi através desses encontros que se instituíram a músicas cantada ou, como vocês dizem, os pontos cantados, acompanhados de instrumentos de percussão e chocalhos.

"No século XVIII, na cidade do Rio de Janeiro, outro negro, de nome Juca Rosa, foi quem lhes trouxe os rituais magísticos voltados para a cura. Eles atraíam muitas pessoas, inclusive figuras importantes da época, da alta sociedade.

"Nesses encontros, vários outros médiuns permitiam, através da psicofonia, que os espíritos incorporassem e dançavam ao som das músicas e dos atabaques."

— Nossa, eu não sabia de nada disso.

— Vocês precisam estudar.

— É verdade, Marabô.

— Havia também a médium Luzia Pinta. Trata-se de uma mulher vinda da África para o Brasil na primeira metade do século XVIII, ou seja, um século antes de José Cabinda.

“Ela foi acusada de feitiçaria e enviada a Portugal. Lá, foi julgada e condenada pelos padres católicos durante o período da Inquisição.

“Seu crime: realizar rituais com uso de ervas, plantas, fumos, bebidas e riscos no chão, tudo relacionado a um processo mágico-religioso de conexão conosco.”

— Nossa, não sabia disso.

— Luzia Pinta era uma sacerdotisa do que se pode chamar de Calundu Angola, termo generalizado para expressar um conjunto de práticas que mesclavam elementos religiosos indígenas, negros e até europeus.

“Seus últimos anos de vida foram em Minas Gerais. Nasceu em Angola, criou-se na Bahia e, após anos, comprou sua alforria e viveu em Minas Gerais, onde praticava o culto aos orixás, um culto muito semelhante ao que vocês conhecem hoje como Umbanda, ao som de atabaques e cantos ritualísticos.

"Outros tantos médiuns foram os precursores do que hoje vocês chamam de Umbanda.

"Como disse, estamos há muito tempo atuando ao lado de médiuns sérios, implementando essa forma de culto tão útil a todos."

— E eu achando que a Umbanda surgiu pelo Zélio...

— O Zélio foi, e é, muito importante para essa religião. Foi ele quem organizou e simplificou a ritualística umbandista.

"Para nós, arquétipos, orixás e demais linhas de trabalho na Espiritualidade terrena, não importa a denominação, já que estamos em todos os lugares.

"Não é exclusividade da Umbanda o nosso trabalho.

"Assistimos quase todas as denominações espíritas, mesmo aquelas que nos repudiam, pois, nossa missão espiritual vai muito além de paredes, estatutos, livros, federações e tudo mais.

"Nossa missão é o equilíbrio. Lembre-se sempre disso. Estamos a serviço dos orixás, e ponto-final."

— Você deixou isso bem claro no começo deste livro.

— Que fique registrado que não temos compromisso com determinações que regem ou organizam uma sociedade espírita, seja ela qual for.

— Eu quero lhe agradecer por tantos ensinamentos. Aliás, agradecer a vocês. Desculpe.

— Nós é que agradecemos a oportunidade — disse Ventania, ao nosso lado.

— Osmar, descanse um pouco. Eu voltarei a procurá-lo — disse Marabô.

— Vou para onde agora?

— Pegue esse caminho à esquerda. Assim, você vai chegar à sua casa.

— Deixe comigo.

Segui para casa para descansar após horas em desdobramento.

"

A UMBANDA É PAZ E AMOR,
UM MUNDO CHEIO DE LUZ...

"

Trecho do Hino da Umbanda

Outra vez

Na manhã seguinte, fui procurado pelo Caboclo Ventania.

— Bom dia, Osmar!

— Bom dia, meu amigo!

— Dormiu bem essa noite?

— Sinceramente?

— Sempre agimos com sinceridade.

— Não. Eu não dormi quase nada.

— O que o aflige?

— O livro que eu, você e Marabô estamos escrevendo.

— O que tem o livro?

— Acho ele forte.

— Forte?

— Sim, ele mexeu na ferida.

— Alguém, algum dia, tem que tratar esse ferimento, você não acha?

— Acho, mas eu...

Naquele momento, ele me interrompeu:

— Por que não você?

— Meu amigo, se sou útil a vocês, pouco me importa o que os outros vão achar.

— Você percebeu por que chamamos este livro de *O Livro Proibido*?

— Sim, vocês já me explicaram um pouco.

— Então, deixe-me dizer mais.

— Diga.

— Sabe, meu amigo, é porque muitos irão proibir que seus adeptos o leiam.

— E por que fariam isso, se estamos instruindo?

— Para manterem-se no poder conquistado através da doutrinação de mentes preguiçosas e vazias.

— Eu não tinha pensado nisso.

— Então, se prepare.

— Devo me preparar para o quê?

— Para as críticas.

— Essas já não me incomodam mais. Já estou calejado disso. Quem quiser acreditar, que acredite. O que importa para mim é o que vivo ao lado de vocês. Jamais me disporia a fazer algo que fosse mentiroso ou que tivesse outro objetivo que não fosse ajudar quem quer que seja. Meu trabalho não tem nenhum caráter pessoal ou financeiro. Faço as psicografias porque tenho certeza de que é esse o motivo da minha encarnação e é através de minha obra que serei reconhecido, não pelos homens, mas sim pelos espíritos de Deus. Quanto aos que pensam ou acham diferente, lamento...

— Quero lhe agradecer por sua coragem.

— Aprendi com você, meu amigo. Quantas vezes você ajudou pessoas ingratas, pessoas que se aproveitaram de sua luz e boa vontade para ajudá-las e depois lhe viraram as costas?

— Estamos entre vocês para auxiliá-los, e a ingratidão nos revela o verdadeiro caráter das pessoas que se valem de nossa ajuda para seguirem em frente. Em todos os atendimentos e caridade que fazemos, sabemos que seremos úteis enquanto a dor fere, mas isso não nos desvia do propósito dos espíritos e das orientações que recebemos para auxiliar sempre.

— Volto a afirmar que minha força e minha inspiração vêm do exemplo que vocês me dão todos os dias.

"Tenho pleno conhecimento do esforço e da dedicação de vocês, que não precisam mais de nós, mas que, por amor, sabedoria, empatia e caridade, chegam ao nosso plano sempre de braços abertos para nos acolher.

"Imaginar que você, por exemplo, que já é um espírito muito evoluído, deixa sua cidade espiritual e vem ao nosso socorro sempre que necessitamos me conscientiza de que eu sou apenas um instrumento capaz de auxiliá-los.

"Admiro muito sua grandeza e seu amor para com todos nós, e é isso que não me afasta da caridade e do serviço ao próximo."

— Sabe, Osmar, muitas vezes, ao ajudarmos alguém, enfrentamos obstáculos que nos ferem por dentro, pois a batalha é dolorosa e desafiadora. Mas tenho a certeza de que só me tornarei melhor através da entrega, do amparo, do auxílio e do perdão. É assim que atingirei meus propósitos evolutivos.

"Quase todos os médiuns, sacerdotes e sacerdotisas que se relacionam conosco nos tratam como seus empregados ou capachos. Esquecem-se de que nós também somos espíritos em evolução e temos sentimentos. Afinal, eu sou um espírito.

"Como temos informado, estamos entre vocês há muito tempo, e o tempo é para todos nós. Por mais que instruamos nossos médiuns, por mais que cuidemos deles, a maioria se perde quando os resultados dos trabalhos que nós realizamos atingem os objetivos solicitados.

"Logo o ego infla e afasta a humildade da relação mediúnica, o que nos obriga a nos afastarmos do médium querido. Quando isso acontece, quem sai mais magoado da relação somos nós, porque, como disse, nossos laços espirituais se fixam pelo amor que nutrimos pelo médium."

— Você está triste comigo. Fiz alguma coisa que o magoou?

— Não existe médium perfeito. Todos vocês, assim como nós, estão passando por processos evolutivos. E, para que possamos evoluir, é necessário que tenhamos a capacidade de perdoar e amar acima de tudo. Você não me fez nada, mas eu fico triste quando você está triste.

— Perdoe-me, Ventania. É que minha prova é muito difícil. Passo momentos de solidão com minha mediunidade, momentos em que quase fraquejo diante das tamanhas ingratidões que sofro todos os dias no exercício do bem.

— Todo missionário sofre, Osmar.

— Eu sei disso. Procuro sempre me espelhar nos nobres mensageiros que estiveram entre nós e vejo que não foi fácil para nenhum deles.

— E por que seria para você?

— Eu gostaria que não fosse assim, porque parece que estamos mentindo o tempo todo. Mas você sabe que, de minha parte, só há sinceridade.

— O plano em que você está encarnado neste momento é muito, muitíssimo imperfeito. Os espíritos que expiam ao seu lado nem sequer se compreendem ou acreditam que são espíritos. Como falar aos surdos? Como pintar a mais bela obra de arte para um cego? Como ser exemplo para quem não enxerga em nada exemplos?

— Faço essas perguntas a mim mesmo todos os dias...

— A missão que você abraçou não é deste mundo. Seu trabalho não será reconhecido pelos homens. Sua dedicação, sua entrega, seu carinho e seu amor serão seu passaporte para a vida eterna. Creia que é isso que o espera.

— Na verdade, Ventania, eu gostaria de ser o emissor desses passaportes. Eu gostaria muito que estas linhas modificassem os corações e que todos pudessem entender e receber esse benefício.

— Você está fazendo a sua parte.

— Eu não... Nós estamos fazendo. O que seria de mim se não tivesse vocês ao meu lado?

"O que seria da minha vida sem minha mediunidade e tudo o que ela me dá?"

— Eu o admiro, sabia?

— Sério?

— Sim. Eu conheci poucos médiuns com tanta coragem até os dias atuais, e olhe que estou há muito tempo dentro dos centros espirituais, me relacionando com todo tipo de mediunidade.

— Eu lhe agradeço pelo elogio e por nunca ter desistido de mim.

— Só desistimos daqueles que desistem de nós. Só nos afastamos quando não encontramos mais meios de reverter o que nos afasta do médium.

— Obrigado por tudo, meu amigo.

— Eu quero convidá-lo a visitar dois centros espíritas comigo. Vamos?

— Claro que sim. Deixe eu me preparar...

Após relaxar e preparar o material para a escrita, segui ao lado de Ventania para o primeiro centro espírita.

— Osmar?

— Sim.

— Perdoe-me por não ter avisado, mas quem vai com você a esses centros espíritas é o nosso amigo Marabô. Eu tenho um assunto urgente a tratar.

— Você não vai?

— Neste momento, não.

— E cadê ele?

— Eu vou levá-lo ao centro espírita em que Marabô está esperando por você, pode ser?

— Claro.

— Venha.

Em desdobramento, eu o segui.

"

Onde há luz, as trevas
não se atrevem a entrar...

"

Marabô

O primeiro centro espírita

Chegamos a um centro espírita que estava totalmente vazio.

Marabô estava sentado em um banco de cimento do lado de fora do lugar.

O banco, estrategicamente colocado embaixo de uma árvore, era coberto pela sombra de um frondoso pé de amendoeira.

— Sejam bem-vindos! — disse Marabô.

— Aqui está ele — disse Ventania.

— Obrigado por trazê-lo, Ventania. Sente-se aqui ao meu lado, Osmar. Eu tenho algumas coisas que desejo lhe mostrar e quero que você anote tudo. — Eu me sentei, sem nada dizer. — Você tem certeza de que não vai ficar, Ventania?

— Se me permite, eu tenho algumas coisas para cuidar.

— Se o Osmar não se importar…

— Claro que não me importo. Deixemos o nosso amigo cuidar das coisas dele, Marabô.

— Por mim, não tem problema.

— Deixem-me ir, amigos — disse Ventania, deixando-nos.

Olhei para os lados e percebi que não havia ninguém naquele lugar. Nenhum encarnado havia chegado e o único espírito que eu via naquele momento era Marabô.

Esperei por alguns minutos, mas, como nada acontecia, resolvi perguntar ao Exu qual era o propósito de nossa visita àquele lugar.

— Marabô, me perdoe, mas por que vocês me trouxeram aqui?

— Você já visitou algum centro espírita em desdobramento?

— Sim.

— Quando?

— Eu escrevi um livro com o Ventania no qual nós visitamos alguns centros espíritas.

— O que vocês fizeram lá?

— Mostramos os bastidores de um centro espírita, como estamos aqui agora.

— E você se lembra de tudo o que viu?

— Ainda me lembro de algumas coisas. Sabe, Marabô, eu não guardo muito as lembranças dos livros que escrevo.

— Tem essa dificuldade?

— Não, não se trata de dificuldade. É que os livros não me pertencem nem, muito menos, são coisas que saem da minha mente. Sendo assim, não guardo todos os detalhes da psicografia, mas me lembro de algumas passagens.

— Qual o nome desse livro que você escreveu com ele?

— *Entrevista com Espíritos — Os Bastidores do Centro Espírita*. Eu já havia falado sobre isso neste livro.

— É um livro bem lido?

— Sim, já está, se não me engano, na sexta edição.

— O que realmente vocês viram?

— As escabrosidades de alguns centros espíritas.

— Esse foi o primeiro passo para o despertar dos umbandistas, não acha?

— Acho que, se todos os umbandistas tivessem lido esse livro, não estaríamos agora escrevendo este.

— Osmar, você sabe quantos livros há na Bíblia?

— Sei, sim. Para os católicos, se eu não me engano, são 73 livros.

— E nós ainda estamos no segundo…

— Meu Deus, haverá mais livros sobre o que estamos revelando?

— É obvio que sim.

— Como eu gostaria que este fosse o último e que todas as pessoas que se relacionam com vocês compreendessem o que estamos escrevendo e mudassem as suas atitudes...

— Você me disse que a Bíblia, o livro mais lido no mundo, tem 73 capítulos, mas você se esqueceu dos livros apócrifos.

— Verdade. Eu não sei quantos livros apócrifos existem.

— Que vocês já tenham descoberto, 113 livros.

— Jesus, como estamos longe do nosso objetivo!

— Mas temos que começar a dar os primeiros passos em direção a salvar o que resta do Espiritismo, não acha?

— Sim, espero ser o portador de muitas obras com esse tema.

— Faremos o possível.

— Fique à vontade sempre que precisar de mim, Marabô.

— Somos gratos por sua dedicação e compromisso.

— Faço isso porque sei que o compromisso não é só meu. Tenho certeza de que todos vocês estão compromissados com nossa evolução.

— É isso mesmo.

As horas passavam e ninguém aparecia, até que, cansado, resolvi perguntar qual era o nosso objetivo com aquela visita.

— Marabô?

— Sim.

— Ainda não apareceu ninguém. Temos mesmo que esperar?

— Eles já estão chegando. Tenha paciência.

— Perdoe-me.

Alguns minutos depois, ouvimos o barulho de uma chave no portão de entrada.

O lugar era aberto, com alguns jardins e um pequeno prédio, onde, na verdade, ficava o terreiro. Até então, não tínhamos ido à parte interna.

Havia, ainda, algumas casinhas, como aquelas que temos na maioria dos terreiros de Umbanda.

Casa das almas.

Casa de Exu.

Casa de Omòlu.

Também havia uma outra casinha que eu não soube identificar.

Um rapaz de estatura mediana adentrou o lugar, trazendo algumas bolsas e alguns apanhados de flores.

Imaginei que, naquele dia, haveria uma festa no lugar.

As janelas e a porta principal foram abertas e as luzes foram acesas. O rapaz se dirigiu à parte de trás do centro, onde pegou uma vassoura, e começou a varrer todo o lugar.

Aos poucos, mais pessoas foram chegando.

Quando dei por mim, já havia mais de 40 médiuns e auxiliares arrumando as cadeiras, limpando os banheiros, juntando o lixo do lugar e providenciando tudo.

Foi quando percebi a chegada do sacerdote.

Todo de branco, com um chapéu na cabeça, ele trazia em suas mãos alguns apetrechos que não pude identificar.

Ele era saudado por todos, que se ajoelhavam em sua frente e lhe beijavam a mão.

Olhei para Marabô para relatar sua expressão diante daquela cena.

Ele nada fez. Nem sequer olhou para mim. Manteve-se com o olhar fixado em tudo o que acontecia.

Estranhei seu comportamento, mas quem sou eu para julgar as atitudes de um Exu…

O sacerdote foi levado a uma cadeira com destaque no lugar. Sentou-se lá e começou a ser servido por seus filhos de santo.

Uma garrafa de vinho branco gelado lhe foi oferecida. Ele imediatamente começou a beber e fumar.

Na cozinha, eu pude ver que havia algumas mulheres preparando as comidas do ritual: farofa; pipoca; um assado; alguns frangos, que foram mortos ali mesmo; canjica; padê; manjar; milho torrado; amendoim e muitos outros preparos. Confesso, eram tantos que nem consegui anotar tudo.

Era um verdadeiro banquete.

Pensei que logo veria muitos espíritos e teria a oportunidade de relatar como os espíritos extraem dos alimentos os fluidos que necessitam para, através da alquimia, realizar as curas.

À medida que eram preparados, todos os pratos eram levados primeiramente à presença do sacerdote, que orientava o que deveriam fazer para o término da oferenda.

O que mais estranhei foi que o pessoal da cozinha, enquanto preparava as oferendas, bebia cerveja gelada e fumava.

Como assim?

Nada disse naquele momento. Eu já aprendi com os espíritos que tenho o dever de anotar tudo o que eles me dizem e somente devo perguntar quando tenho oportunidade ou quando o que vejo foge totalmente da minha compreensão.

Então, o sacerdote tocou seu adjá, orientando que os médiuns tomassem seus banhos de descarrego, pois estava chegando a hora de abrir os portões para o público, que lotava a calçada à espera da sessão espírita.

Naquele momento, eu me assustei com o número de carros e de pessoas que havia chegado naquele lugar.

Uma verdadeira multidão se acotovelava à espera da abertura do terreiro.

Confesso que foi naquele momento que eu me dei conta de onde estava e do que estava presenciando.

Após todos se arrumarem, a ordem foi decretada para que se abrissem os portões.

Parecia que haveria um grande evento naquele lugar. As pessoas estavam desesperadas para ocupar as cadeiras, acotovelando uns aos outros, sem nenhum respeito aos idosos e a algumas crianças, que, seguras pelos seus pais, se esquivavam dos afoitos.

Era uma verdadeira batalha pelos melhores lugares para se sentar e assistir ao que estávamos esperando acontecer ali.

Tudo estava pronto. As oferendas tinham sido assentadas nos pontos de força. Velas e flores enfeitavam o Congá com muitas imagens de santos católicos.

A gira iria começar.

Defumador aceso. Ogãs a postos. Começou a gira, após uma oração proferida pelo sacerdote, e, logo em seguida, a defumação de todos e de todo o ambiente.

Eu e Marabô havíamos nos deslocado para a parte de dentro do terreiro e assistíamos a tudo isso bem perto dos atabaques.

As manifestações logo se iniciaram e, por incrível que pareça, o único espírito que estava presente era o Exu Marabô.

Cantos e mais cantos, saudações e mais saudações, e nada da presença de espíritos.

Não me contive e perguntei ao Marabô:

— Cadê os espíritos, meu amigo?

— Que espíritos?

— Esses que estão sendo invocados.

— O que você está vendo aqui é o que, infelizmente, mais se vê nas casas de Umbanda. Tudo isso que você está vendo nada mais é do que mistificação e animismo exacerbado.

— Jesus, tenha misericórdia…

— Ele tem.

— Estou presenciando uma gira de Umbanda sem espíritos, é isso mesmo?

— Não é que não haja espíritos…

— Mas eu não estou vendo nada.

— Eu vou lhe permitir ver. Olhe agora.

Naquele momento, parecia que o terreiro e todos ali presentes estavam nas regiões mais densas do Umbral.

Uma densa névoa nos envolvia. Confesso que tive muita dificuldade de enxergar o que realmente estava acontecendo.

Eu vi com estes olhos que a terra há de comer vários quiumbas se aproximando dos médiuns e imitando trejeitos de caboclos, pois, naquele momento, se saldava a linha de Oxóssi.

Mas não eram índios, índias, pajés ou qualquer espírito ligado a essa linda falange. Eram quiumbas disfarçados de caboclos e caboclas.

Eles bebiam, fumavam, comiam e imitavam o brado dos caboclos.

Após a invocação dessas entidades, eu presenciei infelizes irmãos se consultando com esses espíritos, que falavam coisas sem nexo e sem sentido.

Pediam coisas, cobravam oferendas, ameaçavam os consulentes, dizendo que estavam possuídos por espíritos das trevas, e orientavam que deveriam procurar o pai de santo depois para fazer algum trabalho para poderem conseguir aquilo que ali foram buscar.

Eu olhava tudo aquilo e procurava ouvir e anotar tudo.

Algumas supostas caboclas dançavam sensualmente, como se fosse algo sedutor.

As filas de atendimento não paravam de crescer. Todos queriam saber de seus futuros e do que poderiam fazer para ganhar dinheiro e conseguir empregos ou promoções em seus postos de trabalho. Mas o pior eu ainda não havia presenciado.

Após tudo o que os infelizes médiuns realizaram, o dirigente avisou que, depois do intervalo, iria convocar os Exus para o trabalho de limpeza de todos os presentes.

As horas passavam. As crianças, vítimas de seus próprios familiares, já estavam cansadas. Algumas dormiam em esteiras improvisadas entre as fileiras de cadeiras.

O público, sedento pela presença de Exus, não arredava o pé do lugar.

Era tarde da noite quando finalmente pudemos presenciar a invocação dos Exus.

Novamente, os quiumbas, agora trazendo consigo eguns, passavam orientações sobre como deveriam ser tratados aqueles pobres e inocentes assistidos.

— Marabô, eu posso lhe perguntar uma coisa?

— Sim.

— Por que agora os quiumbas trouxeram os eguns?

— Os quiumbas são eguns treinados.

— Quer dizer que os quiumbas estão treinando os eguns?

— Exatamente.

— Por que fazem isso?

— Para aumentar suas falanges.

— Perdoe-me, mas acho que devemos explicar aos nossos leitores... O que é um Quiumba?

— Osmar, você sabe por que insistimos tanto com vocês quanto ao estudo da Umbanda e do Espiritismo?

— Para nos relacionarmos melhor com vocês, não é?

— Meu nobre escritor, os médiuns precisam ser evangelizados, doutrinados, e precisam estudar mais sobre a sua mediunidade, pois médiuns ignorantes, que não possuem sabedoria suficiente, abrem as portas para a atuação de quiumbas e eguns. Os quiumbas gostam de fazer o mal somente por puro prazer. São espíritos decaídos, que irão ridicularizar os terreiros de Umbanda e os próprios médiuns, se nada for feito por nós.

"São esses mesmos espíritos que vêm para a matéria como caboclos, crianças, pretos velhos e Exus, mas já um pouco doutrinados. São ex-eguns que foram treinados, como informamos anteriormente.

"É importante que todos saibam que essa denominação vem do Candomblé e que são espíritos que viveram na Terra como todos nós. Vocês têm que sempre lembrar que esses infelizes irmãos só existem porque existem milhares de médiuns que se acham soberanos e não querem evoluir. Enquanto não houver essa conscientização e esse choque de ordem no Espiritismo e, principalmente, na Umbanda, esses quiumbas e eguns continuarão fazendo os atendimentos com a mente errada do médium. Com isso, vemos rituais estranhos em muitos terreiros, vindos de pessoas que não têm condição de nos invocar. Fazem muitas coisas erradas com seus médiuns e frequentadores, contraindo para si débitos que, um dia, lhes serão cobrados.

"Dirigentes, sacerdotes e todos aqueles que estão envolvidos com o Espiritismo e a Umbanda precisam cuidar de seus médiuns, para que não entrem nesse transe de receber energias que não estão ainda prontas para vir em matéria."

— Então, por que os recebem?

— Por estarem com sintonia aberta, com conexão, e não terem estudado. Aí vemos coisas que fazem o médium sofrer, ter visões e ficar doente.

"Todos os males físicos, financeiros e amorosos de um médium estão intrinsecamente ligados ao que ele vem fazendo da sua mediunidade.

"Vocês têm que aprender a separar: o que é vindo do Candomblé, raiz africana, não tem nada a ver com os umbandistas. Os candomblecistas trabalham com espíritos oriundos da África, mas com conceito já vindo do Espiritismo e do Catolicismo. Ninguém na Umbanda trabalha com ritual africano."

— E os eguns, quem são, Marabô?

— Eguns são espíritos que já passaram pela matéria e, ao desencarnar, se tornaram eguns, ou seja, aqueles que ainda precisam ser doutrinados, para que possam, um dia, ser enviados aos trabalhos caridosos da Umbanda.

"São espíritos que destinaram suas encarnações a fazer o mal, nunca se importando com as consequências de seus atos. Ao chegar nas regiões de sofrimento dos umbrais, são atraídos por quiumbas para fortalecer suas legiões de malfeitores.

"Quero deixar claro que os nomes quiumbas e eguns têm origem na raiz africana, ou seja, são oriundos do Candomblé, que nada tem a ver com a Umbanda, como disse anteriormente.

"Acontece que, pela infeliz ideia de se misturar Candomblé com Umbanda, esses infelizes irmãos foram atraídos para os terreiros. Na verdadeira religião de Umbanda, que irei mostrar para você no próximo terreiro, eles nem sequer se aproximam."

— Já fiquei ansioso.

— Venha, vamos a um verdadeiro terreiro de Umbanda.

*Adjá: instrumento sagrado e sem substituição nos rituais do Candomblé; uma espécie de sineta de metal feita em bronze, metal dourado ou prateado.

"

A VERDADE NÃO DEVE
FICAR ATRÁS DAS CORTINAS
DA EVOLUÇÃO.

"

Marabô

O segundo centro espírita

Saímos daquele lugar numa rapidez muito estranha para mim. Mas eu estava ao lado de Marabô. E confesso, meus amigos leitores, que estar ao lado de Marabô é muito diferente, porém gratificante.

As energias desse espírito me surpreenderam e me surpreendem até hoje.

Eu sou autor de mais de 50 livros. Já tive a honra de psicografar com vários espíritos, mas esse é bem diferente. Talvez, um dia, eu consiga entender os mistérios de Marabô.

Quem sabe…

Estávamos volitando sobre um lugar onde quase não tinha casas. Parecia que estávamos em uma floresta.

— Que lugar é este, Marabô?

— Estamos indo em direção a um centro de Umbanda no qual sou um dos espíritos que auxiliam os médiuns em seus trabalhos.

— Mas é um lugar ermo. Quase não tem casas aqui.

— Olhe agora.

Quando olhei para o local, tudo havia se transformado. Estávamos em uma pequena comunidade, mas parecia uma aldeia. Eram pouquíssimas casas em uma rua pequena. Parecia um vilarejo.

— Marabô, me perdoe, mas é estranho este lugar.

— O que é estranho?

— Parece um vilarejo, uma vila, uma pequena comunidade... O que é, na verdade?

— É uma pequena cidade.

— Bota pequena nisso...

— Ela é pequena em tamanho, mas grande em Espiritualidade. Pode ter certeza disso.

— Onde fica?

— No Brasil.

— Em que estado?

— Minas Gerais.

— Agora compreendo toda essa mata em volta deste lugar.

— É um lugar distante das capitais. Mas vamos ao que interessa...

— Vamos.

Chegamos a um portão feito de pequenas ripas. Ao lado, havia uma cerca de arame.

Olhei e vi que havia uma pequena casa. Pequena mesmo. As paredes eram brancas e o telhado era de telhas bem antigas.

Parecia um pequenino galpão, onde se guardavam coisas.

Mais uma vez, havia um pequeno banco embaixo de uma árvore, só que esse era de madeira.

Nós nos sentamos um ao lado do outro.

O lugar estava vazio. Não havia nada nem ninguém.

— É aqui o terreiro de Umbanda? — perguntei.

— Sim, é aqui que trabalhamos e fazemos nossa parte.

— Mas não tem ninguém aqui.

— No centro anterior, também não havia ninguém quando chegamos, lembra?

— Sim, perdoe-me por minha ansiedade.

— Ansiedade é planejar o que não existe.

— Verdade. É que, sempre que escrevo uma psicografia, muitas coisas me são reveladas, daí minha ansiedade em saber o que vai acontecer, o que vou aprender e o que vocês vão me ensinar...

— O bom aluno não faz tantas perguntas.

— O que faz, então, um bom aluno?

— Presta atenção à aula.

Calei-me imediatamente.

Era um começo de tarde. Eu pude ver que o sol começava a se direcionar ao horizonte.

O dia estava muito bonito e o lugar, embora muito simples, era encantador.

Algumas galinhas ciscavam o terreiro de terra batida. Calado e um pouco envergonhado com a minha impaciência, passei a observar aqueles pequenos animas que remexiam a terra à procura de algo para comer.

Ao meu lado, Marabô nada dizia. Ele olhava para tudo, porém permanecia calado.

Eu tentava buscar perguntas dentro de mim, de modo a não desperdiçar aquela oportunidade, mas não conseguia organizar meus pensamentos. Foi quando uma senhora e um senhor chegaram.

Eles abriram o portão lentamente e adentraram o lugar. Marabô e eu os acompanhamos e adentramos o minúsculo terreiro.

Ao entrar, eu vi um pequeno Congá com algumas imagens de santos católicos.

Havia alguns quadros na parede. Um deles era a imagem de Jesus.

Vi alguns banquinhos de pretos velhos próximos ao Congá.

A assistência tinha quatro bancos de madeira, cabendo, no máximo, umas cinco pessoas em cada um.

Uma cortina de renda enfeitava o simples e singelo altar.

O senhor foi até a pequena cozinha que havia nos fundos do lugar e passou um café, trazendo para a senhora, que acendia as lamparinas.

— Tome, minha velha. Trouxe para você.

— Obrigada, meu velho — disse a senhora, parando o que estava fazendo e tomando uma golada daquele café, que, pude observar, tinha sido feito com muito amor. — Velho, vá até a porteira e coloque a firmeza de Exu.

— Pode deixar, minha velha.

Seguindo a orientação da senhora, o velho homem se dirigiu ao portão e lá colocou um copo com água e uma pequena vela de cor branca.

Depois disso, ele colocou um copo com água do outro lado do portão e o ofereceu para as santas almas benditas.

Meus amigos, eu pude ouvir a prece que aquele velho homem proferiu e, confesso, nunca em minha vida ouvi nada tão bonito e com tamanha fé.

Dessa vez, Marabô seguiu todos os passos daquele homem. Aonde ele ia, Marabô ia atrás. Logo não contive minha curiosidade e perguntei:

— Marabô?

— Sim.

— Eu posso lhe perguntar uma coisa?

— Sim.

— Por que aqui você seguiu o senhor na hora em que ele foi fazer as firmezas?

— Porque eu sou o responsável pela segurança deste terreiro.

— Você é o Exu responsável por este terreiro?

— Sim. Eu e outros espíritos.

— Mas por que você o seguiu?

— Para cuidar da segurança dele. Fique atento e você vai compreender tudo ao final.

— Certo — disse.

Após alguns minutos, seis médiuns chegaram. Eram dois rapazes e quatro meninas, todas muito jovens.

Depois que tomaram um banho preparado pela senhora, eles trocaram suas vestimentas e adentraram o terreiro, onde a senhora e o senhor já estavam esperando.

As roupas que vestiam eram as mais simples que vi até hoje nos centros de Umbanda.

Os rapazes vestiam uma calça e uma camiseta brancas.

As meninas vestiam uma saia branca e uma bata muito bonita, na mesma cor.

Logo um outro senhor adentrou o lugar.

— Seja bem-vindo, meu irmão! — saudou o senhor que havia feito as firmezas do terreiro.

— Marabô?

— Sim.

— Qual o nome do senhor e o que ele é aqui?

— O nome dele é João. E sua esposa, ao lado, se chama Everilda. Eles são os dirigentes deste terreiro.

— São sacerdotes?

— Sim.

— Mas me parece ser uma casa bem humilde?

— A beleza de uma casa não reflete a Espiritualidade que nela está.

— Concordo plenamente.

Então, o senhor que acabara de chegar respondeu:

— Eu é que agradeço, mais uma vez, o convite.

Logo esse senhor se sentou no primeiro banco.

Aos poucos, todos os lugares nos bancos foram preenchidos com a assistência pequena e humilde daquele lugar.

Uma sineta de bronze foi tocada, anunciando o momento da oração inicial.

Os médiuns e os dirigentes deram as mãos e uma prece começou a ser proferida por Everilda.

— Mestre Jesus, mais uma vez, estamos reunidos em Seu nome para louvar nossos orixás.

"Com Sua permissão, daremos início à invocação dos nossos irmãos, trabalhadores da Umbanda.

"Maria Santíssima, mãe de Jesus, permita que os anjos do Senhor se façam presentes neste dia em que nos reunimos para adorá-la.

"Oxalá, esteja conosco e conduza nosso trabalho.

"Que os irmãos que vieram em busca de amparo e auxílio sejam assistidos pela Espiritualidade desta casa e que possamos aprender a amar a todos através dos ensinamentos ofertados pelos nossos mentores e espíritos de luz.

"Salve Jesus...

"Salve os orixás...

"Salve o amor e a paz."

Foi quando ela começou a rezar a Ave-Maria.

Todos os que estavam presentes ficaram de pé em adoração a Maria, mãe de Jesus. Todos, em uma só voz, rezavam.

Naquele momento, eu vi os anjos da guarda de todos os médiuns se aproximarem e darem presença.

Uma força sublime envolveu todos que estavam naquele ambiente.

Uma mulher que estava na assistência com uma criança de colo foi à qual todos os anjos da guarda se dirigiram após darem sinais de suas presenças em seus médiuns e também nos dirigentes daquele culto.

Eu estranhei eles terem feito aquilo, mas tenho que esperar pelo momento certo para fazer minhas perguntas.

Uma névoa de luz preencheu todos os espaços daquele pequeno terreiro de amor.

Foi quando Everilda começou um cântico aos orixás.

Naquele momento, gotas de luz desceram do céu sobre todos nós.

Parecia que estava nevando, mas era uma névoa de luz que nos iluminava.

Que coisa linda eu via naquela hora!

Algumas lágrimas visitaram meu rosto. Foi quando Marabô olhou para mim e disse:

— O que houve?

— Estou emocionado.

— Com o quê?

— Com tudo o que estou vendo neste momento.

— Você está diante de uma sessão de Umbanda. Não tem que se surpreender.

— Fique tranquilo, meu amigo. Não são lágrimas de tristeza. São lágrimas de gratidão por vocês me permitirem ver e escrever tudo isto.

— Assim é a Umbanda, meu caro escritor.

— Eu nunca havia visto vocês em ação.

— Olhe agora.

Naquele momento, João começou uma oração aos pretos velhos.

Todos se concentraram e eu pude ver entrar pela pequena porta daquele iluminado lugar alguns pretos velhos e pretas velhas.

Os médiuns, ao perceberem a aproximação de seus guias, permitiram a incorporação.

Eu vi aqueles espíritos se aproximarem dos médiuns e adentrarem seus corpos espirituais, estabelecendo a incorporação.

Everilda incorporou uma preta velha.

Uma das jovens lhe entregou um cachimbo, um pouco de fumo, um copo com água, um pequeno pedaço de giz e uma pequena vela branca.

A preta velha incorporada riscou seu ponto no chão. No centro dele, ela colocou uma vela, que lhe foi entregue acesa, e seu copo com água.

— Marabô?

— Sim.

— Quem é essa preta velha incorporada em Everilda?

— Maria Conga de Angola.

Mais lágrimas desceram de meus olhos, por sempre admirar o trabalho caridoso dessa entidade.

A mulher com a criança foi convidada a se sentar na frente de Maria Conga.

Ao sentar-se, a mulher entregou a criança à preta velha, que baforou um pouco de fumaça na barriguinha da criança.

Naquele momento, eu vi algumas larvas espirituais saírem da menininha. Elas eram tiradas uma a uma da criança e depositadas no copo com água dentro do ponto riscado da preta velha.

Eu tentava conter minhas lágrimas de emoção.

Marabô olhou dentro dos meus olhos e disse:

— O que você está vendo é um processo de cura realizado por essa divindade. Essa criança foi vítima daqueles infelizes espíritos que você pôde ver no outro lugar.

"Eguns e quiumbas estão em todos os lugares. Ao contato com essas infelizes criaturas, você pode adquirir as mazelas que esses infelizes carregam em seus perispíritos danificados.

"Essa mãe se entregou aos caprichos da vaidade e queria trazer de volta para seu convívio o pai desse bebê. Para isso, lhe foi pedido que fizesse um trabalho de magia, que lhe acarretou a mazela que você é capaz de ver agora.

"O feitiço virou contra o feiticeiro.

"Você poderia me perguntar, por que sobre uma inocente criança?"

— Eu lhe faço essa pergunta: por que uma infeliz e inocente criança?

— Essa criança é o maior patrimônio dessa mulher. E, quando se atinge o que você mais gosta, mais desesperado você fica. É a forma que eles encontraram para escravizar aqueles que procuram os supostos terreiros de Umbanda para barganhar alguma coisa.

— Quer dizer que o que ela fez para atrair de volta o marido virou-se contra ela, quer dizer, virou-se e atacou a própria filha?

— Isso.

— Mas qual o objetivo do quiumba para fazer isso?

— Ficar recebendo oferenda a todo tempo, além de manter o sacerdote que lhe sustenta capaz de dar continuidade ao suposto trabalho de caridade.

— Jesus...

— É dessa forma que muitas casas se sustentam. Hoje lhe pedem um trabalho. Os quiumbas até podem lhe dar o solicitado, mas, quando eles necessitarem de você, lhe tirarão algo, de modo que você não verá outra saída a não ser oferendar novamente. E esse ciclo fica se repetindo até o dia em que eles lhe roubam a alma.

— Desculpe, mas e meu anjo da guarda? Ele não cuida de mim?

— Você cuida dele?

— Normalmente não.

— Tem coisas que nem seu anjo da guarda vai conseguir frear.

— Por quê?

— Livre-arbítrio. Você pediu orientação ao seu anjo da guarda antes de procurar um terreiro?

"Você consultou outro espírita antes de entregar sua fé a quem não é de direito?

"Você se preocupou com o que estava fazendo?

"Você pensou nas consequências do seu ato?

"Você avaliou os riscos espirituais que assumiu ao pagar ou pedir para que fosse feita uma magia para alguém?"

— Certamente, na cegueira de conseguir o que queremos, não avaliamos nada disso.

— E você acha justo condenar o seu anjo da guarda ou o seu mentor espiritual por estar colhendo os frutos da sua maldade?

"Você acha que uma pessoa é obrigada a viver ao seu lado quando ela não quer mais?

"Você acha que o mundo está ao seu dispor?

"Você acha mesmo que os bons espíritos são seus empregados ou que você pode pagá-los para conseguir alguma coisa?

"Toda dívida lhe será cobrada... Pense nisso."

Enquanto Marabô falava, eu observava aqueles pretos velhos trabalhando.

Cada pessoa que se sentava em frente a eles recebia uma limpeza espiritual, muitas vezes auxiliada por espíritos de erês que estavam ao lado dos pretos velhos, ansiosos em prestar caridade.

Após todos serem atendidos, a simples sessão foi encerrada com a oração do Pai-Nosso. Todos, de mãos dadas, agradeceram aos orixás da Umbanda por aquele dia.

No encerramento da sessão, eu vi cair do céu uma chuva de pétalas de rosas brancas, que clarearam e perfumaram todo o lugar.

Naquele dia, compreendi perfeitamente o que é a Umbanda.

Emocionado, abracei Marabô e agradeci pela oportunidade e por tudo o que ele nos proporcionou nesta psicografia.

— Obrigado por tudo, Marabô.

— Nossa tarefa depende muito da sua coragem. Sempre que precisar, é só chamar. Estou à sua disposição sempre que for útil a você e a todos aqueles que merecem o nosso respeito e amor.

"Somos Exus.

"Eu sou Marabô.

"Que Deus o ilumine e que nossos orixás o acompanhem nessa tarefa de elucidar as coisas espirituais!

"Não desista de nós, pois nunca desistimos do amor."

— Gratidão, meu amigo.

— Até breve!

— Até…

Fim

“

A VIDA É FEITA DE
OPORTUNIDADES
DESAFIADORAS.

”

Osmar Barbosa

Nota do autor

Antes de me despedir desta psicografia, eu queria deixar uma mensagem muito pessoal para todos vocês.

Sei que, na maioria das vezes, não somos compreendidos no que fazemos, mas isso não nos deve abalar.

Ser médium é uma tarefa extremamente edificante, porém muito difícil de exercermos, pois a todo tempo somos tentados a abandonar o correto e nos desviarmos pelos labirintos destrutivos do exercício da caridade solicitada pelos espíritos de luz.

Atualmente, se confundem mediunidade, mediunismo e animismo.

É meu dever orientar e esclarecer quem puder através das obras que psicografo.

Mediunidade é dom divino, como sempre digo, que divinamente devemos exercer. Mas a tarefa do exercício da mediunidade é um convite ao abandono, pois, ao decidirmos exercê-la da forma correta, nos afastamos dos anseios mais comuns da atualidade.

Os culpados do Espiritismo e da Umbanda estarem onde estão somos nós, os verdadeiros médiuns, que, por vários motivos, somos desestimulados a fazer o correto, a brigar e defender nossa religião.

Mediunismo designa as formas primitivas de mediunidade eu fundamentam as crenças e as religiões primitivas, muito comuns nos centros espíritas da atualidade.

O animismo é essencial ao desenvolvimento da mediunidade, pois é através dele que damos os primeiros passos em direção à exteriorização do guia, mentor ou espírito comunicante, o que não deve nunca ser confundido com uma comunicação verdadeira.

Desde que me entendo como médium, luto pela mediunidade, defendendo-a daqueles irmãos equivocados que nem sequer sabem do que estou escrevendo nestas linhas.

Espero sinceramente que meu esforço, minha dedicação e meu amor aos espíritos sejam úteis àqueles que desejam exercer o dom divino para o bem de todos, pois tenho certeza de que a mediunidade e as comunicações mediúnicas só têm um objetivo: auxiliar-nos a nos compreendermos como os espíritos eternos que somos e, através dessa conscientização, estarmos prontos e preparados para a continuidade da vida.

Este livro me custou alguns dias de vida, pois a entrega à psicografia é demasiadamente desgastante. A entrega que um médium tem que fazer é danosa à saúde, pois passa muitos dias desdobrado e trancado em algum lugar solitário para poder atingir os objetivos do livro.

Mas saibam que sou grato por estar exercendo com dignidade meu trabalho ao lado desses amigos do além.

Espero que este alerta, dado pelo nosso amigo Marabô e pelo Caboclo Ventania, sirva para mudar a sua direção.

Desejo sinceramente que você seja direcionado à luz.

Que a luz seja parte da sua vida!

Saiba que, se, um dia, você precisar de mim, não crie distâncias que não existem.

A missão de cada um é o reflexo do que trazemos no espírito.

Obrigado.

Osmar Barbosa

"

SE A SUA ENCARNAÇÃO
NÃO ESTÁ SENDO ÚTIL AO MUNDO,
O MUNDO NÃO SERÁ CAPAZ
DE ENXERGÁ-LO.

"

Osmar Barbosa

A missão de cada um

Quando vocês aceitarem sua missão espiritual, têm que tomar ciência de que irão sofrer todo tipo de ataques, espirituais e carnais.

Serão julgados, desacreditados e até expelidos, quando enveredarem pelo caminho do autoconhecimento.

Devem saber que enfrentarão os seus maiores inimigos, seus próprios demônios, e que isso irá doer profundamente. Isso irá machucá-los e dilacerá-los internamente.

Quando aceitamos o cargo de guerreiros da luz, entendemos que as sombras não aceitarão tão facilmente a nossa presença e que a batalha será árdua.

Saibam vocês que essas sombras residem em tudo e em todos, e também em nós e nas pessoas que amamos. A nossa maior vitória será não sermos corrompidos pelos aparentes sorrisos e tapinhas nas costas e seguirmos firmes no caminho reto e justo mesmo caindo e, muitas vezes, esmorecendo.

Quando vestimos nossa armadura, vestimos também nossa coragem, bravura e honra, nos munimos das armas mais poderosas, nos armamos com sabedoria, verdade e amor, e levantamos a bandeira da paz, da generosidade e da caridade. Mas sabem o que é mais importante quando aceitamos essa missão?

É termos a certeza de que, em nossa retaguarda, há uma legião de amigos, convocados pela Espiritualidade Maior, que nos ampara, acolhe, protege e ama profundamente.

Todas as vezes que, em prantos, deitarem no colo dos seus amigos espirituais, aqueles que os sustentam e os levantam quando mais ninguém o faz, tenham certeza de que estaremos embebecidos do amor divino, prontos para lhes salvar das mazelas existenciais.

Errar faz parte e consertar é exemplo.

Aceitem suas missões. Abracem suas causas na jornada da evolução. Nunca estarão a sós. E, no meio do caminho, vão atraindo irmãos que vibram na mesma energia, na mesma caridade e na mesma sintonia. Não há o que temer. O bem e a luz são mais fortes que qualquer obstáculo. Tenham fé na vida e no poder supremo.

Confiem primeiramente em si mesmos, em sua capacidade de transformar, e depois em nós.

Marabô

“

DEDICO ESTE LIVRO AO
CABOCLO VENTANIA,
AO EXU MARABÔ
E A TODOS OS MEUS
MENTORES ESPIRITUAIS.

”

Osmar Barbosa

OUTROS TÍTULOS LANÇADOS POR OSMAR BARBOSA

Conheça outros livros psicografados por Osmar Barbosa. Procure nas melhores livrarias do ramo ou pelos sites de vendas na internet.

Acesse

www.bookespirita.com.br

www.compralivro.com.br

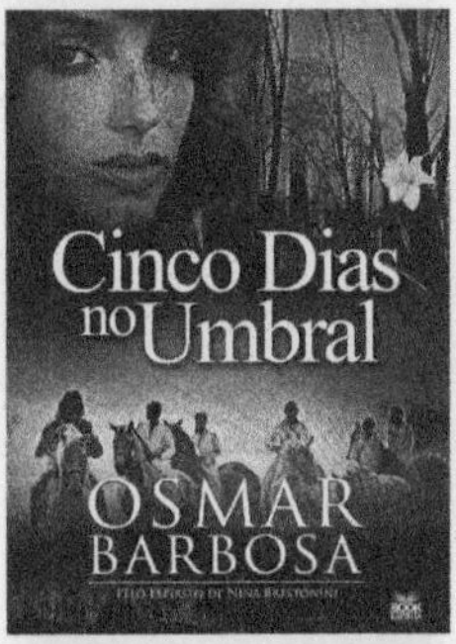
Cinco Dias
no Umbral
OSMAR
BARBOSA

O
Guardião
da Luz
OSMAR
BARBOSA

OSMAR
BARBOSA
ANTES
QUE A
MORTE NOS
SEPARE

COLÔNIA ESPIRITUAL
AMOR & CARIDADE
OSMAR
BARBOSA

ONDAS
da Vida
OSMAR BARBOSA

A
BATALHA
DOS
ILUMINADOS
OSMAR
BARBOSA

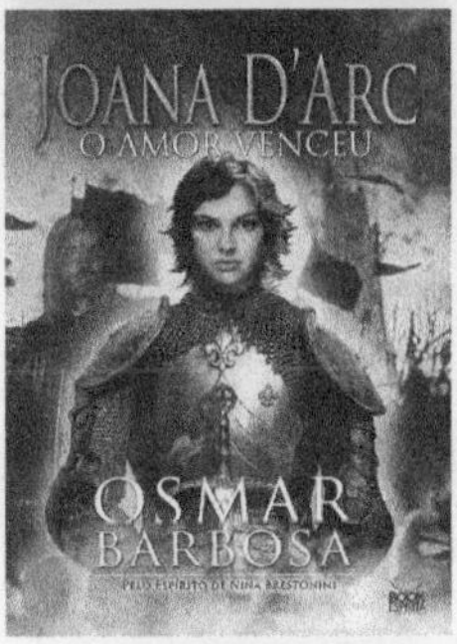
JOANA D'ARC
O AMOR VENCEU
OSMAR
BARBOSA

OSMAR
BARBOSA
ALÉM DO SER
A História de um Suicida

OSMAR
BARBOSA
EU SOU
EXU

Osmar Barbosa
Pelo espírito Daniel
Orai
&
Vigiai

500
almas
OSMAR
BARBOSA

OSMAR
BARBOSA
Gitano
AS VIDAS DO
CIGANO RODRIGO

O Amanhã
nos Pertence
OSMAR BARBOSA

Mãe,
voltei!
OSMAR BARBOSA
PELO ESPÍRITO NINA BRESTONINI

Entre Nossas
Vidas
OSMAR
BARBOSA
PELO ESPÍRITO DE NINA BRESTONINI

O Lado
Azul da
Vida
OSMAR
BARBOSA

OSMAR
BARBOSA
DEPOIS...

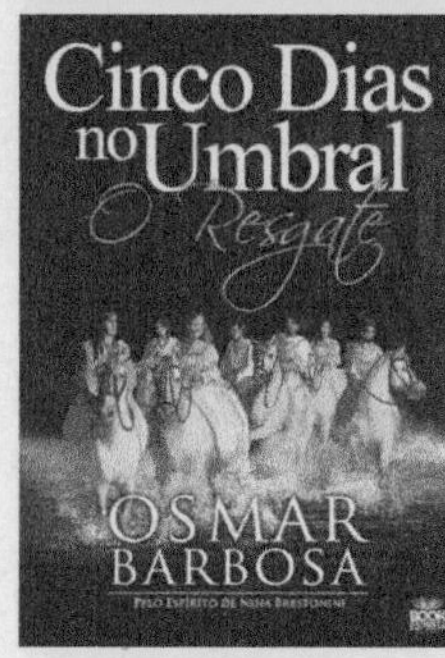
Cinco Dias
no Umbral
O Resgate
OSMAR
BARBOSA
PELO ESPÍRITO DE NINA BRESTONINI

O
LADO
OCULTO
DA
VIDA
OSMAR
BARBOSA
PELO ESPÍRITO DE DANIEL

Entrevista
com
Espíritos
Os Bastidores do Centro Espírita
por
OSMAR
BARBOSA

VINDE A MIM
O Evangelho no Lar
OSMAR
BARBOSA

COLÔNIA ESPIRITUAL
AMOR & CARIDADE
Dias de Luz
OSMAR
BARBOSA

OSMAR
BARBOSA
Amigo
Fiel

IMPUROS
A Legião de Exus
OSMAR
BARBOSA
PELO ESPÍRITO DE LUCAS

O Médico de
DEUS
OSMAR
BARBOSA

AUTISMO
A ESCOLHA DE NICOLAS
OSMAR
BARBOSA

OSMAR
BARBOSA
Cinco Dias
no Umbral
O Perdão

UMBANDA
PARA
INICIANTES
OSMAR
BARBOSA

OSMAR BARBOSA
PARAFRASEANDO
CHICO
XAVIER
Seleção das mais belas frases
de Chico Xavier

OBSESSOR
OSMAR BARBOSA

Acordei no
OSMAR
BARBOSA

ROMANCE ESPÍRITA
A ROSA
DO CAIRO
OSMAR
BARBOSA

REGENERAÇÃO
UMA
NOVA
ERA
OSMAR BARBOSA

DEIXE-ME Nascer
OSMAR BARBOSA

A
Vida
depois da
Morte
OSMAR BARBOSA

DEAMETRIA
HOSPITAL AMOR & CARIDADE
OSMAR BARBOSA

DEAMETRIA
A Desobsessão Modernizada
OSMAR BARBOSA

O SUICÍDIO DE ANA
OSMAR BARBOSA

ACONTECEU NO UMBRAL
OSMAR BARBOSA

GUARDIÃO
EXU
OSMAR BARBOSA

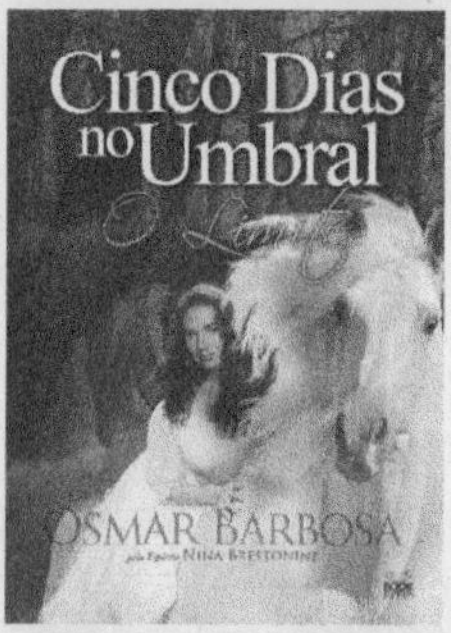
Cinco Dias no Umbral
OSMAR BARBOSA

SUPERIOR TRIBUNAL ESPIRITUAL
A JUSTIÇA DIVINA
OSMAR BARBOSA

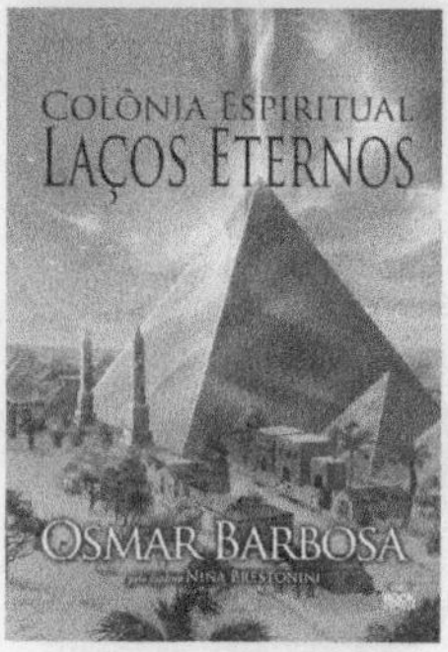
COLÔNIA ESPIRITUAL
LAÇOS ETERNOS
OSMAR BARBOSA

DESPERTANDO O Espiritual
com
OSMAR BARBOSA

UM ESPÍRITA NO UMBRAL
OSMAR BARBOSA

OSMAR BARBOSA
DIÁRIO
SUICIDA

Por que VOCÊ MORREU?
OSMAR BARBOSA

MENSAGENS DIÁRIAS COM
OSMAR BARBOSA
Dica do Dia

EXILADOS DO
PLANETA TERRA
OSMAR BARBOSA

BEM VINDO AO UMBRAL
OSMAR BARBOSA

OSMAR BARBOSA
O Diário de um MORTO

OSMAR BARBOSA
A GAROTA DO BALÃO

O OUTRO LADO DA VIDA
OSMAR BARBOSA

OSMAR BARBOSA
Um Obsessor no Centro Espírita

ORIENTAÇÕES DO Além
OSMAR BARBOSA

TEMPO PERDIDO
OSMAR BARBOSA

Esta obra foi composta
na fonte Century751
No2 BT, corpo 13.
Rio de Janeiro, Brasil.